# MODERN GREEK
## ΝΕΑ ΕΛΛΗΝΙΚΑ

Theodore C. Papaloizos, Ph.D.

ISBN: 978-0-932416-54-4

8th Edition 2008


For more information, please visit www.greek123.com
Please submit changes and report errors to www.greek123.com/feedback

Printed and bound in Korea

Papaloizos Publications, Inc.
11720 Auth Lane
Silver Spring, MD 20902
301.593.0652

# Contents

# PART I

## *Μάθημα 1* - Το αλφάβητο

**Before you start answering the questions in the workbook have in mind the following:**

1. You will be able to recall words faster and easier if you write them down. If you cannot write them at least read and pronounce them several times.

2. Learn each noun with its article.

3. Memorize the conjugation of the verbs. The person of a verb is indicated by its ending (suffix). In English the verb is preceded by the personal pronoun.

4. In the first five lesson you are asked to write the letters of the alphabet. Consult the back page of the book which gives directions on how to form the letters.

5. Always read the questions aloud and answer in complete sentences.

**1.1 Write each vowel three times. Pronounce the sound of each letter as you write it.**

a. Αα _____ Εε _____ Ηη _____

b. Ιι _____ Οο _____ Υυ _____

c. Ωω _____

**1.2 Write each consonant three times. Pronounce the sound of each letter as you write it.**

a. Χ χ _____ Τ τ _____

b. Κ κ _____ Σ σ ς _____

**1.3 Write each syllable three times.**

a. χο _____ χι _____ κο _____

b. κε _____ σα _____ σο _____

c. αι _____ ος _____ ες _____

**1.4 Write the double vowel three times.**

a. ει _____ _____ _____

b. "ει" has the same sound as _____ _____ _____

**1.5 Write the three persons of the verb I have in Greek.**

_____     _____     _____

**1.6 Write the same three persons in the interrogative form.**

_____     _____     _____

**1.7 Put an accent on these words. Read them aloud.**

εκει     τοτε     κακο     κοτα     συκο     σακα

**1.8 Divide each of the above words into syllables.**

_____     _____     _____

_____     _____     _____

**1.9 Write each of the letters three times. Pronounce the sound of each letter as you write it.**

a. Β β _____ Λ λ _____

b. Μ μ _____ Ν ν _____

**1.10 Form syllables with the letters you know combining consonants with vowels and the double vowel. Read them as you write them.**

_____   _____   _____   _____   _____

_____   _____   _____   _____   _____

**1.11 Write the three definite articles, masculine, feminine and neuter.**

_____     _____     _____

**1.12 Write the three indefinite articles, masculine, feminine and neuter.**

_____     _____     _____

**1.13 Put in front of each word the definite article.**

_____ βιβλίο _____ μολύβι _____ Νίκος _____ Άννα

2

**1.14 Write the corresponding Greek letter.**

a _____  v _____  h _____  m _____  n _____  o _____  e _____  i _____

**1.15 Match the English to the Greek.**

a. He has a book.                                    Έχεις ένα μολύβι;

b. I have a book.                                    Έχει ένα μολύβι.

c. Do you have a pencil?                        Έχει ένα βιβλίο.

d. She has a pencil.                                Έχω ένα μολύβι.

e. I have a pencil.                                  Έχω ένα βιβλίο.

**1.16 Match the definite to the indefinite article.**

a. ο                                    μία

b. το                                   ένας

c. η                                     ένα

**1.17 Circle the feminine words.**

ο ουρανός    η Ελλάδα    το μήλο    η θάλασσα    η Αθήνα    το κορίτσι    ο άντρας

**1.18 Cover the Greek text on the left column with a piece of paper so you cannot see it. Read the English and translate it. Then look at the Greek to check your answers.**

a. Έχω.                                          I have.

b. Τι έχω;                                       What do I have?

c. Έχω κάτι.                                    I have something.

d. Τι;                                            What?

e. Ένα βιβλίο.                                A book.

f. Τι έχει ο Νίκος;                          What does Nick have?

g. Έχει ένα μολύβι.                        He has a pencil.

h. Μαρία, τι έχεις;                         Maria, what do you have?

i. Έχω ένα μολύβι, ένα βιβλίο.     I have a pencil, a book.

## *Μάθημα 2 - Γράμματα και δίψηφα φωνήεντα*

**2.1 Write the double vowels three times each. Pronounce their sound as you write.**

αι _____   ει _____   αυ _____

**2.2 Write the letters. Pronounce the sound of each letter as you write it.**

Π π _____   Δ δ _____   Γ γ _____

**2.3 Write the three persons of the verb I am in the singular number.**

_____   _____   _____

**2.4 Accent the words.**

a. δασκαλος   καλος   παλι   πανω   πεπονι   καλη

b. παιδι   ομως   δεμα   δυο   δωδεκα   δεν

**2.5 Translate to Greek.**

a. I am a mother. _____

b. What are you? _____

c. He is a good child. _____

**2.6 Write the three genders of the demonstrative pronoun.**

_____   _____   _____

**2.7 Translate to Greek.**

a. this book _____   this mother _____

b. this child _____   this Nick _____

**2.8 Say in Greek.**

a.   I have   he is   she has   you are

b.   I am   you have   it is   it has

**2.9 Give the three persons of the personal pronoun.**

4

_____  _____  _____

## 2.10 Write the Greek word.

a. John _____    yes _____

b. no _____    book _____

c. pencil _____    pen _____

d. child _____    mother _____

e. Nick _____    Ann _____

## 2.11 Write the plural of these neuter words.

a. το βιβλίο _____    το μολύβι _____

b. το παιδί _____

## 2.12 Match the Greek to the English translation.

a. Μάλιστα, εγώ έχω το βιβλίο.          The book and the pen.

b. Όχι, εσύ δεν έχεις το μολύβι.          The pencil and the pen.

c. Η Άννα δεν έχει τίποτα.          Ann has something.

d. Η Άννα έχει κάτι.          Ann has nothing.

e. Το βιβλίο και το στυλό.          Yes, I have the book.

f. Το μολύβι και το στυλό.          No, you do not have the pencil.

## 2.13 Cover the Greek text on the left column with a piece of paper so you cannot see it. Read the English and translate it. Then look at the Greek to check your answers.

a. Τι είσαι;          What are you?

b. Είσαι δάσκαλος;          Are you a teacher?

c. Ναι, είμαι δάσκαλος.          Yes, I am a teacher.

d. Τι είναι η Ελένη; Είναι δασκάλα;          What is Helen? Is she a teacher?

e. Όχι, η Ελένη δεν είναι δασκάλα.          No, Helen is not a teacher.

f. Τι είναι ο Γιάννης; Είναι δάσκαλος;          What is John? Is he a teacher?

g. Όχι, ο Γιάννης δεν είναι δάσκαλος.          No, John is not a teacher.

h. Τι είναι;          What is he?

i. Είναι ένα παιδί.          He is a child.

j. Η Μαρία τι είναι;          What is Maria?

k. Και η Μαρία είναι παιδί.          And Maria is a child.

**3.1 Write the letters, the double consonants and the double vowels three times each. Pronounce their sounds as you write them.**

a. Ρ ρ _____ τς _____ τσ _____

b. οι _____ ου _____

**3.2 Write the words in Greek.**

a. father _____ man _____

b. mother _____ boy _____

c. woman _____ John _____

**3.3 Complete by using the verb I am.**

a. Ο Γιάννης _____ ένα αγόρι.

b. Εσύ _____ ένας άντρας.

c. Εμείς _____ παιδιά.

d. Ο Γιάννης και ο Νίκος _____ αγόρια.

e. Εγώ _____ μια μητέρα.

**3.4 Write the masculine definite article.** _____

**3.5 Write the neuter indefinite article.** _____

**3.6 Write the indefinite feminine article.** _____

**3.7 Select a definite article to go with each of the following words.**

a. _____ κύριος _____ κυρία _____ Μαρία _____ Νίκος

b. _____ παππούς _____ κορίτσι _____ μητέρα _____ αγόρι

**3.8 Build small sentences (oral or in writing) using forms from the verb "είμαι" and the words:**

άντρας, γυναίκα, παιδί, αγόρι, κορίτσι, Γιάννης, Νίκος, κύριος, κυρία,

Ελένη, Μαρία, μητέρα, παππούς, πατέρας, μια, ένας, ένα

Ex.: Ο Γιώργος είναι ένας άντρας.

**3.9 Circle the word that does not belong with the other.**

a. ένα   μία   είναι   ένας

b. μητέρα   άντρας   το   κορίτσι

c. κυρία   Νίκος   Γιάννης   Γιώργος

d. ένα   είναι   είσαι   είμαι

e. έχω   Ελένη   είμαι   έχει

**3.10 Multiple choice. Mark the correct answer.**

a. The word "Μαρία" has how many syllables: two ____   three ____   four ____

b. We say "εσείς": είμαστε ____   είναι ____   είστε ____

c. The word "άντρας" takes the article: μία ____   ο ____   το ____   η ____   ένα ____

d. Neuter nouns end in: οι ____   α ____   ι ____   ο ____   ους ____

e. Which words contain the double vowel "ει": εκεί ____   έχω ____   εδώ ____   ναι ____   έχει ____

**3.11 Match the words of the left column to those of the right.**

a. Ο Γιώργος είναι                                    ένας άντρας.

b. Η κυρία Μαρία είναι                              κορίτσι.

c. Η Άννα είναι ένα                                   μια γυναίκα.

d. Ο κύριος Γιάννης είναι                         αγόρι.

## Μάθημα 4 - Γράμματα

**4.1 Write each letter three times. Pronounce the sound of each letter as you write it.**

a. Θ θ _____    Z ζ _____

b. Ξ ξ _____

**4.2 Write the words in Greek.**

a. teacher (m.) _____    teacher (f.) _____

b. pupil (f.) _____    pupil (m.) _____

**4.3 Write the three endings of the masculine nouns.**

_____    _____    _____

**4.4 Write the two endings of the feminine nouns.**

_____    _____

**4.5 Write the two endings of the neuter nouns.**

_____    _____

**4.6 Translate to Greek.**

a. He is a teacher. _____

b. She is a pupil. _____

c. You are a teacher (f.). _____

d. I am a pupil (m.). _____

**4.7 Say the words first with the definite article and then with the indefinite article.**

a. μαθητής    κορίτσι    δάσκαλος    Νίκος

b. αγόρι    μητέρα    Ειρήνη    παιδί

c. βιβλίο    μολύβι    στυλό

## 4.8 Divide the words into syllables.

a. μαθητής _____    κορίτσι _____

b. δάσκαλος _____    Νίκος _____

c. Ειρήνη _____    βιβλίο _____

## 4.9 Multiple choice.

a. Ο Νίκος είναι:

μια δασκάλα _____    ένα κορίτσι _____    ένας δάσκαλος _____

b. Η Μαρία είναι:

ένας δάσκαλος _____    μια μαθήτρια _____    ένα αγόρι _____

c. Ο πατέρας είναι:

ένας άντρας _____    ένα παιδί _____    μια δασκάλα _____

d. Το αγόρι είναι:

ένα κορίτσι _____    ένας δάσκαλος _____    ένα παιδί _____

**5.1 Write the alphabet in small letters.**

_____

_____

**5.2 Write the alphabet in capital letters.**

_____

_____

**5.3 Write the combinations of vowels.**

_____

**5.4 Write the combinations of consonants.**

_____

**5.5 Conjugate the verb "έχω".**

_____  _____   _____

_____  _____   _____

**5.6 Write the letters of the Greek alphabet that correspond to the English letters.**

a. l _____  m _____  x _____  o _____  p _____

b. t _____  r _____  e _____  i _____  z _____

c. v _____  d _____  k _____  f _____  s _____

**5.7 Translate to Greek.**

a. Do you have the book? _____

b. Do they have books and pencils? _____

c. Yes, they have books and pencils. _____

d. Where is the teacher? _____

e. Where are the children? _____

## 5.8 Match the Greek to the English.

a. they are

b. he has

c. we have

d. do you have?

e. are you?

f. they are not

g. we do not have

έχετε;

δεν είναι

είσαι;

δεν έχουμε

είναι

έχουμε

έχει

## 5.9 Circle the words with the double consonants.

a. μαθήτρια    αγκαλιά    άντρας    έτσι    θέλει

b. έχουμε    ντομάτα    μπύρα    είναι    εδώ

c. μπανάνα    ντύνομαι    άγγελος    ντρέπομαι

## 5.10 Translate the words in parenthesis (oral or in writing).

a. Θέλω δυο (pencils) _____

b. Έχει δυο (boys) _____

c. Η Άννα είναι ένα (girl) _____

d. Ο Γιώργος είναι (a man)_____

e. (Where) _____ είναι το βιβλίο;

f. Έχουμε (pencils, pens, books, and notebooks) _____

_____

# Recapitulation 1 - 5

**R.1 Recite the names of these letters.**

Ββ  Εε  Δδ  Ζζ  Οο  Γγ  Θθ  Υυ  Ιι  Λλ

Μμ  Ωω  Αα  Ηη  Κκ  Νν  Ππ  Φφ  Χχ  Σσς

**R.2 Say the three definite articles.**

**R.3 Say the three indefinite articles.**

**R.4 Say the words with their definite article.**

άντρας   βιβλίο   Νίκη   φως   κορίτσι   κύριος   μαθητής   μητέρα   δάσκαλος

γυναίκα   παιδί   φύλλο   καλό   Νίκος   κυρία   αγόρι   Γιάννης   μαμά   ψάρι

**R.5 Translate orally.**

he is        they are not          she is          we are          you are (plural)

we have   they do not have   she has      we have

**R.6 Count from 1 to 5.**

**R.7 Give the greetings you know.**

**R.8 What articles precede masculine, feminine, and neuter words?**

**R.9 Give the three endings of masculine, feminine and neuter words.**

**R.10 Conjugate the verbs "είμαι" and "έχω".**

**R.11 Conjugate the interrogative forms of the verbs "είμαι" and "έχω".**

**R.12 Give the plural of these neuters.**

το παιδί      το αγόρι      το βιβλίο      το μολύβι      το τετράδιο

το κορίτσι   το φύλλο      το ψάρι       το ψωμί

## R.13 Translate to English.

Γεια σου.
Είμαι ο Γιώργος
Γεια σου.
Εγώ είμαι ο Νίκος.

Καλημέρα. Είμαι η Μαρία. Με λένε Μαρία.
Καλημέρα. Εμένα με λένε Ελένη.
Χαίρω πολύ.
Κι εγώ.

Αυτός είναι ο Γιάννης και αυτή είναι η Άννα.
Καλημέρα, Γιάννη.
Καλημέρα, Άννα.


Γεια σας, παιδιά.
Γεια σας.

Αντίο, παιδιά.
Χαίρετε, παιδιά.

## Μάθημα 6 - Η οικογένεια του κυρίου Παπαδάκη

### 6.1 Complete the sentences with words from the reading.

a. Ο κύριος Παπαδάκης είναι ένας _____

b. Η κυρία Παπαδάκη είναι μια _____

c. Ο κύριος και η κυρία Παπαδάκη έχουν δυο _____

d. Ο Γιάννης είναι το _____ και η Μαρία το _____

e. Ο _____ του Γιάννη είναι ο αδελφός του κυρίου Παπαδάκη.

f. Η _____ του Γιάννη είναι η αδελφή της κυρίας Παπαδάκη.

g. Ο κύριος και η κυρία Παπαδάκη είναι _____ του Γιάννη και της Μαρίας.

**6.2** The word "γυναίκα" means _____ and _____

**6.3** The word "άντρας" means _____ and _____

### 6.4 Masculine words have these five endings:

_____ _____ _____ _____ _____

### 6.5 The plural of these words are:

a. αδελφός _____ πατέρας _____

b. θείος _____ κεφτές _____ παππούς _____

c. The article "ο" in the plural changes to _____

### 6.6 Form the possessive of the masculine nouns in parenthesis.

a. τα παιδιά (ο θείος) _____

b. η γυναίκα (ο κύριος Γιάννης) _____

c. ο πατέρας (ο Γιώργος) _____

d. το όνομα (ο αδελφός μου) _____

e. το τετράδιο (ο δάσκαλος) _____

f. το χρώμα (ο καναπές) _____

g. το φλιτζάνι (ο καφές) _____

## 6.7 "Η οικογένεια μου" - Point out the people in this family and write their names in the correct space.

a. _____

b. _____

c. _____

d. _____

e. _____

f. _____

g. _____

h. _____

## 6.8 Translate to Greek (written or oral).

a. Who are you?            Are you a pupil?

b. Who is Mr. John?        Who is Mrs. Papadakis?

c. Who is this boy?        Who is this girl?

d. He is a father.         She is a mother.

e. She is Nick's aunt.     He is John's brother.

f. They are Maria's parents.   He is Helen's child.

## 6.9 Count from 1 to 20. We count using the neuter of the numerals.

## 6.10 Now count from 20 to 1 backwards.

## 6.11 Count from 2 to 20 by two's.

## 6.12 Write the answer in Greek. Then say the entire math problem. Minus is "πλην" and plus "και".

a. $10 - 5 =$ _____      $10 + 10 =$ _____

b. $7 + 7 =$ _____      $3 - 2 =$ _____

c. $8 + 3 =$ _____      $12 - 6 =$ _____

d. $9 - 0 =$ _____      $9 + 2 =$ _____

## 6.13 Circle the correct answer.

a. Ο αδελφός του πατέρα μου είναι:

παππούς μου        θείος μου        αδελφός μου

b. Η γιαγιά μου είναι:

αδελφή του πατέρα μου        αδελφή του θείου μου        μητέρα του πατέρα μου

c. Το κορίτσι του πατέρα μου είναι:

θεία μου        γιαγιά μου        αδελφή μου

## 6.14 Classroom conversation. Ask a classmate.

a. Πώς λένε τον πατέρα σου;

b. Πώς λένε τη μητέρα σου;

c. Έχεις αδελφό, αδελφή;

d. Έχεις γιαγιά;

e. Έχεις παππού;

## 6.15 Put the sentences in order.

a. άντρας ένας είμαι. _____

b. πατέρας θεία μια έχει ο. _____

c. θείος είναι Γιάννης ένας ο. _____

d. έναν αδελφό έχω. _____

## 6.16 Write the letter from the right column in the correct blank.

a. _____ τα αδέλφια μου        α. είναι η αδελφή του πατέρα μου

b. _____ ο θείος μου        β. είναι παιδιά του πατέρα μου

c. _____ η θεία μου        γ. είναι η μητέρα του πατέρα μου

d. _____ ο παππούς μου        δ. είναι ο αδελφός του πατέρα μου

e. _____ η γιαγιά μου        ε. είναι ο πατέρας του πατέρα μου

## 6.17 Supply the following information in Greek by writing the numbers.

a. Your telephone number. _____

b. The number of your address. _____

c. A friend's telephone number. _____

d. The number of persons in your family. _____

e. The number of pets you have. _____

## 6.18 Circle the word that does not belong with the others.

a. κύριος    δεσποινίδα    μαθήτρια    κυρία

b. τρεις    μαθητές    δεκατρείς    τέσσερις

c. οι αδελφοί    οι άντρες    ο αδελφός    οι γυναίκες

d. ο καναπές    ο άντρας    ο κεφτές    ο καφές

e. η γιαγιά    η γυναίκα    ο παππούς    η Μαρία

f. η Σοφία    η Μαρία    η Ελένη    η Κατίνα

g. το αγόρι    το κρασί    το κορίτσι    το παιδί

h. του πατέρα    ο θείος    της θείας    του παππού

## 7.1 Answer the questions.

a. Ποιος είναι ο δάσκαλος; _____

b. Ποιο είναι το όνομά του; _____

c. Τι διδάσκει ο κύριος Βασιλείου; _____

d. Τι έχει η τάξη; _____

e. Τι έχει η βιβλιοθήκη; _____

f. Πόσα παράθυρα έχει η τάξη; _____

## 7.2 Write the items you see in this picture.

a. _____

b. _____

c. _____

d. _____

e. _____

f. _____

g. _____

h. _____

i. _____

j. _____

k. _____

## 7.3 Write what items you regularly use in class and what items you use when doing your homework.

_____

_____

**7.4 Write the Greek equivalent of the following words with their article.**

a. pupil's desk _____

b. the Greek language _____

c. classroom _____  map _____

d. bookcase _____  color _____

**7.5 Write the endings of feminine nouns.**

_____ _____ _____ _____ _____

**7.6 How do you form the plural of feminine nouns ending in:**

a. -α _____

b. -η _____

c. The article "η" in the plural becomes _____

**7.7 Form the plural of these feminine nouns.**

a. η θάλασσα _____  η μέρα _____

b. η βροχή _____  η οδός _____

c. η Ρηνιώ _____  η νίκη _____

**7.8 Change the words in parenthesis to possessive case and translate.**

a. το όνομα (η μητέρα) _____

b. το νερό (η βροχή) _____

c. τα παιδιά (η αδελφή) _____

d. το όνομα (η οδός) _____

e. το σπίτι (η Φρόσω) _____

## 7.9 Use forms of the verb "διδάσκω" in the blanks.

a. Ο κύριος Βασιλείου _____ ελληνικά.

b. Εσύ, τι _____;

c. Εγώ _____ μαθηματικά.

d. Ο φίλος μου _____ στο πανεπιστήμιο.

e. Ο Γιώργος και η Άννα _____ ιστορία.

f. Εσείς τι _____;

g. Εμείς δε _____.

## 7.10 Complete with the proper salutation.

a. Πώς χαιρετάς το πρωί;    Λέω _____

b. Πώς χαιρετάς το βράδυ;    _____

c. Πώς χαιρετάς το απόγευμα;    _____

d. Πώς χαιρετάς τη νύχτα;    _____

e. Πώς χαιρετάς ένα φίλο σου;    _____

## 7.11 Conjugate the two verbs "χαιρετώ (2)" and "διδάσκω (1)".
   Observe the differences in the two conjugations.

a. χαιρετώ                    b. διδάσκω

_____        _____

_____        _____

_____        _____

_____        _____

_____        _____

## 7.12 Translate this conversation.

Γεια σου, Γιώργο.

Γεια σου, Νίκη!

Πώς είσαι;

Πολύ καλά, ευχαριστώ.

Και συ, πώς είσαι;

Κι εγώ είμαι καλά.

Τι μάθημα έχεις;

Έχω μαθηματικά;

Εσύ;

Εγώ έχω αγγλικά.

Ποια ώρα;

Στις δέκα.

Εγώ έχω στις δώδεκα.

Χάρηκα που σε είδα (I'm glad I saw you).

Κι εγώ. Γεια σου.

Γεια σου. Ελπίζω να σε ξαναδώ (to see you again).

Κι εγώ το ελπίζω.

## 7.13 Correct the sentences.

a. Ο κύριος Βασιλείου είναι μαθητής. _____

b. Η τάξη δεν έχει βιβλιοθήκη. _____

c. Η τάξη έχει δυο γραφεία. _____

d. Οι τοίχοι έχουν χρώμα καφέ. _____

e. Το πάτωμα είναι άσπρο. _____

f. Η τάξη έχει δυο πόρτες και ένα παράθυρο. _____

_____

g. Η βιβλιοθήκη έχει μόνο (only) ελληνικά βιβλία. _____

_____

h. Ο κύριος Βασιλείου είναι ένας καθηγητής. _____

_____

i. Ο κύριος Βασιλείου διδάσκει αγγλικά. _____

_____

**7.14 Connect the different sections so you can make a reasonable sentence.**

| | | |
|---|---|---|
| a. Η τάξη | έχει | μικρό. |
| b. Τα βιβλία | είναι | μεγάλο. |
| c. Το όνομα του δασκάλου | είναι | πράσινος. |
| d. Ο πίνακας | είναι | στη βιβλιοθήκη. |
| e. Το γραφείο του δασκάλου | είναι | Γιώργος. |
| f. Το θρανίο του μαθητή | είναι | καφέ πάτωμα. |

## Μάθημα 8 - Το σώμα

### 8.1 Identify the parts of the body.

a. ................
b. ................
c. ................
d. ................
e. ............
f. ............
g. ................
h. ........................

a. _____
b. _____
c. _____
d. _____
e. _____
f. _____
g. _____
h. _____

### 8.2 Answer the questions in Greek. You may write your answers or answer them orally.

a. Πώς αναπνέεις; _____

b. Πώς περπατάς; _____

c. Πώς βλέπεις; _____

d. Τι είναι μέσα στο στόμα σου; _____

e. Πώς ακούς; _____

f. Πόσα αυτιά έχεις; _____

g. Τι έχεις στο κεφάλι σου; _____

h. Τι χρώμα έχουν τα μαλλιά σου; _____

i. Τι χρώμα έχουν τα μάτια σου; _____

j. Πόσα δάχτυλα έχει το ένα χέρι; _____

k. Πόσα δάχτυλα έχουν τα δυο χέρια μαζί; _____

### 8.3 Complete the sentences.

a. Ακούω με τα _____

b. Μιλώ με _____

c. Γράφω με _____

d. Περπατώ με _____

e. Τρέχω με _____

f. Τρώω με _____

g. Βλέπω με _____

h. Αναπνέω με _____

i. Μυρίζω με _____

### 8.4 Write the four endings of the neuter words.

a. _____  _____  _____  _____

b. The neuter article "το" in the plural changes to _____

### 8.5 Write the plural of these neuter words.

a. το δάχτυλο _____  το πόδι _____

b. το στόμα _____  το πρόσωπο _____

c. το μάτι _____  το φως _____

d. το αυτί _____  το όνομα _____

e. το κρέας _____  το καλό _____

f. το ωραίο _____  το μήλο _____

### 8.6 The verb "τρώω" comes from the original form "τρώγω". In the modern language it has become "τρώω" and it is conjugated irregularly. Your textbook covers both conjugations. Translate the following:

a. He eats. _____  We eat. _____

b. Do you eat? _____  They do not eat. _____

c. Who eats? _____  I eat. _____

## 8.7 Do the same for the verb "λέω (λέγω)".

a. I say. _____ She says. _____

b. We are not saying. _____ Are you saying? _____

## 8.8 Change the word in parenthesis to possessive case and then translate to English.

a. Τα χέρια (το παιδί) _____

b. Η ώρα (το μάθημα) _____

c. Τα δέντρα (το δάσος) _____

d. Τα παιδιά (το σχολείο) _____

e. Οι φοιτητές (το πανεπιστήμιο) _____

_____

f. Το χρώμα (το πρόσωπο) _____

## 8.9 Translate.

a. much water _____ many men _____

b. many children _____ much money _____

c. many girls _____ many mothers _____

d. much rain _____ many teachers _____

## 8.10 Rewrite each word dividing it into syllables.

a. πρόσωπο _____ περπατώ _____

b. αναπνέω _____ αριστερό _____

c. γλώσσα _____ δόντια _____

d. δάχτυλο _____ μαύρα _____

## 8.11 Circle the word that does not belong to the group.

a.  χέρι    κεφάλι    καπέλο    μύτη

b.  αναπνέω    τρώω    περπατώ    έχω

c.  αυτιά    μάτια    γλώσσα    χέρια

d.  αριστερό    δάχτυλο    δεξιό    μικρό

e.  τρώει    παίζω    ακούει    λέει

f.  πρόσωπο    αγόρι    άντρας    γυναίκα

## 8.12 Fill in the blanks with the appropriate answer.

a. Ο Βασίλης παίζει ποδόσφαιρο. Χρησιμοποιεί (he uses) _____

b. Ο Μιχάλης παίζει μπάσκετ. Χρησιμοποιεί _____

c. Η Αφροδίτη ακούει μουσική. Χρησιμοποιεί _____

d. Ο Αντώνης τρώει έναν κεφτέ. Χρησιμοποιεί _____

e. Η Ελένη μυρίζει ένα τριαντάφυλλο. Χρησιμοποιεί _____

f. Ο Κώστας βλέπει τηλεόραση. Χρησιμοποιεί _____

g. Η Καίτη γράφει ένα γράμμα. Χρησιμοποιεί _____

# Μάθημα 9 - Ένα σπίτι

## 9.1 Write the names of the rooms of the house and any furniture you see.

a. _____

b. _____

c. _____

d. _____

e. _____

f. _____

g. _____

h. _____

## 9.2 Answer the questions orally.

a. Γιατί η κυρία Αλεξίου θέλει να δείξει το σπίτι της;

b. Τι κάνει η κυρία Αλεξίου για να δείξει το σπίτι της;

c. Σε ποιο δωμάτιο προσφέρει το τσάι;

d. Τι προσφέρει με το τσάι;

e. Πώς είναι οι καρέκλες της τραπεζαρίας;

f. Πόσα δωμάτια έχει ο πάνω όροφος;

g. Πού πηγαίνουν οι κυρίες μετά το τσάι;

h. Τι έχει η αυλή;

## 9.3 Complete the sentences.

a. Μαγειρεύουμε στην _____

b. Ένα σπίτι έχει πολλά ή λίγα _____

c. Βάζουμε το γάλα, το τυρί, το κρέας, τα αβγά στο _____

d. Καθόμαστε πάνω στον _____

e. Τρώμε πάνω στο _____

f. Κοιμόμαστε στην _____

g. Η αυλή μας μπορεί να έχει _____ και _____

**9.4 Change the sentences to plural.**

a. Ο φίλος μου είναι καλός. _____

b. Η κυρία μένει σε μεγάλο σπίτι. _____

c. Ο μήνας έχει λατινικό όνομα. _____

d. Το κουλουράκι έχει βούτυρο, γάλα και ζάχαρη. _____

_____

e. Το λουλούδι είναι μυρωδάτο (fragrant). _____

f. Η κουζίνα είναι μεγάλη. _____


**9.5 Here are four verbs, one of each group:**

δείχνω (1) – I show        αγαπώ (2) – I love

προσκαλώ (3) – I invite    χρειάζομαι (4) – I need

Give the third person, singular number of each verb.

a. she shows _____she loves _____

b. she invites _____she needs _____

Also the first person of the plural number.

c. we show _____   we love _____

d. we invite _____   we need _____


**9.6 In the lesson you studied the impersonal verb "μου αρέσει". Translate the following. Remember the subject follows the verb and the personal pronoun precedes it. We use "αρέσει" when the subject is one and "αρέσουν" when the subject is more than one.**

a. I like coffee. _____

b. He likes apples. _____

c. They like the games. _____

d. She likes beautiful clothes. _____

e. He likes tea. _____

f. I like wine. _____

g. Do you like the sweets? _____

**9.7 Give the names of the colors and translate to Greek.**

a. white, white car _____

b. red, red rose _____

c. blue, blue sky _____

d. green, green leaf _____

e. black, black suit _____

f. orange, orange color _____

g. yellow, yellow pencil _____

h. brown, brown shoes _____

i. pink, pink flower _____

j. green, green light _____

k. white, white shirt _____

l. multicolored, multicolored picture _____

**9.8 Complete by using forms from the verb "είμαι".**

a. Εγώ _____ από την Ελλάδα. Εσύ, από πού _____ ;

b. Ο φίλος μου _____ από την Κρήτη.  Η φίλη σου από πού _____ ;

c. Εμείς _____ από τον Καναδά. Εσείς από πού _____ ;

d. Αυτοί _____ από τη Γαλλία. Αυτές από πού _____ ;

**9.9 Change the words in parenthesis to form a logical sentence.**

a. Το χρώμα (man) _____ είναι μαύρο.

b. Το χρώμα (tongue) _____ είναι ροζ.

c. Τα δάχτυλα (right hand) _____ είναι πέντε.

d. Το όνομα (of my friend) _____ είναι Νίκος.

e. Το όνομα (of your friend) _____είναι Γιώργος.

**9.10 Conjugate the verb "μιλώ (2)".**

a. _____   d. _____

b. _____   e. _____

c. _____   f. _____

**9.11 Circle the words that do not belong together.**

a.   τραπεζαρία   δρόμος   κουζίνα   κρεβατοκάμαρα

b.   ψυγείο   μπουφές   ηλεκτρική   κουζίνα   πλυντήριο   πιάτων

c.   δέντρα   αυλή   μπάνιο   θάμνοι

d.   κουλουράκια   καναπές   γλυκίσματα   βουτήματα

e.   οδηγεί   χαλί   προσφέρει   τρώει

**9.12 Arrange the sentences to form a logical thought.**

a. για απογευματινό προσκαλεί τσάι τις κυρίες η κυρία Αλεξίου.

_____

_____

b. το τσάι πίνουν οι κυρίες που είναι ζεστό.

_____

c. έξω βγαίνουν από το σπίτι μετά μεγάλη αυλή στην το τσάι κυρίες οι όλες.

_____

_____

## Μάθημα 10 - Ο καθηγητής και τα Νέα Ελληνικά

## 10.1 Answer the questions.

a. Τι είναι ο κύριος Ιωαννίδης; _____

b. Τι διδάσκει; _____

c. Πού διδάσκει; _____

d. Ποιο τμήμα διδάσκει; _____

e. Τι είναι η κυρία Ιωαννίδη; _____

f. Τι διδάσκει η κυρία Ιωαννίδη; _____

g. Ποιο τμήμα διδάσκει; _____

## 10.2 Translate to Greek.

a. Modern Greek _____     student (m.) _____

b. university _____     lesson _____

c. class _____     section _____

d. professor (m.) _____     professor (f.) _____

e. language _____     easy language _____

## 10.3 Translate the verbs.

a. He asks. _____     I answer. _____

b. We ask. _____     They answer. _____

c. Do you ask? _____     I do not answer. _____

d. Do they ask? _____     Do they answer? _____

e. What do you say? _____     I do not say anything. _____

f. What does he say? _____     He says something. _____

g. What do they say? _____     They say much. _____

## 10.4 Write the ordinal numerals.

a. 2 _____    4 _____

b. 10 _____    20 _____

c. 1 _____    6 _____

d. 3 _____    11 _____

## 10.5 Match the following.

a. How are you?                Πώς είναι η τάξη;

b. How old are you?            Πώς είναι το μάθημα;

c. How is the day?             Πώς είναι ο καθηγητής;

d. How is the lesson?          Πώς είσαι;

e. How is the class?           Πώς είναι η μέρα;

f. How is the professor?       Πόσων χρόνων είσαι;

## 10.6 Complete each sentence using words from the following list.

ελληνική γλώσσα   Έλληνας   Ελληνίδα   ελληνόπουλα
ελληνόπουλο   ελληνοπούλα   Ελλάδα   ελληνικό

a. Κάποιος που γεννήθηκε στην Ελλάδα είναι _____

b. Ο Γιώργος είναι _____

c. Αυτά τα παιδιά είναι _____

d. Η Μαρία είναι _____

e. Η χώρα λέγεται _____

f. Η γλώσσα της Ελλάδας είναι η _____

g. Η Ελένη που γεννήθηκε στην Ελλάδα είναι _____

h. Αυτό το κρασί είναι _____

## 10.7 Translate the words in parenthesis to Greek.

a. Η τάξη έχει δεκατρείς (boy students) _____

b. Έχει δώδεκα (girl students) _____

c. (How are you today?) _____

d. (Very well, the students answer.) _____

## 10.8 Translate to Greek.

a. the student of the first section _____

b. the professor of the second section _____

c. the students who learn Greek _____

d. the teacher who teaches Greek _____

e. the twelfth student of the first class _____

## 10.9 Cover the Greek text on the left column with a piece of paper so you cannot see it. Read the English and translate it. Then look at the Greek to check your answers.

| | | |
|---|---|---|
| a. | Τι είσαι; | What are you? |
| b. | Είμαι δάσκαλος. | I am a teacher. |
| c. | Εσύ τι είσαι; | What are you? |
| d. | Εγώ είμαι καθηγητής. | I am a professor. |
| e. | Αυτή είναι καθηγήτρια. | She is a professor. |
| f. | Κι αυτή είναι δασκάλα. | And she is a teacher. |
| g. | Αυτά τα παιδιά είναι μαθητές. | These children are pupils. |
| h. | Αυτά τα κορίτσια είναι μαθήτριες. | These girls are pupils. |
| i. | Αυτοί οι νέοι είναι φοιτητές. | These youths are students. |
| j. | Αυτές οι νέες είναι φοιτήτριες. | These young ladies are students. |
| k. | Αυτό το σχολείο είναι ένα κολέγιο. | This school is a college. |
| l. | Αυτό είναι πανεπιστήμιο. | This is a university. |
| m. | Αυτό είναι δημοτικό σχολείο. | This is an elementary school. |
| n. | Ο Γιάννης είναι έξι χρόνων. | John is six years old. |
| o. | Πηγαίνει στο δημοτικό σχολείο. | He goes to the elementary school. |
| p. | Η Μαρία είναι δώδεκα χρόνων. | Maria is twelve years old. |
| q. | Φοιτάει στο γυμνάσιο. | She attends high school. |
| r. | Ο Μιχάλης είναι δεκαπέντε χρόνων. | Michael is fifteen years old. |
| s. | Φοιτά στο λύκειο. | He attends the Lyceum. |
| t. | Ο Ανδρέας είναι δεκαοχτώ χρόνων. | Andrew is eighteen years old. |
| u. | Φοιτά στο πανεπιστήμιο. | He attends the university. |
| v. | Η Άννα είναι είκοσι χρόνων. | Anna is twenty years old. |
| w. | Κι αυτή πηγαίνει στο πανεπιστήμιο. | And she attends the university. |

## *Μάθημα 11* - Η ιστορία του πατέρα

### 11.1 Answer the questions.

a. Ποιος λέει την ιστορία αυτή; _____

b. Τι παιχνίδι είχε ο πατέρας, όταν ήταν έξι χρόνων; _____

c. Τι χρώμα είχε το παιχνίδι που είχε ο πατέρας; _____

d. Πόσα αδέλφια είχε ο πατέρας; _____

e. Πόσα παιχνίδια είχαν όλα τα παιδιά; _____

f. Πώς ήταν το σπίτι τους; _____

g. Πώς ήταν τα δωμάτια; _____

h. Ήταν αρκετά μεγάλο το σπίτι για την οικογένεια; _____

_____

i. Είχε αυτοκίνητο η οικογένεια; _____

j. Γιατί δεν είχε αυτοκίνητο; _____

_____

k. Πόσα πράγματα είχε η οικογένεια; _____

l. Πώς αισθανόταν (feel) η οικογένεια; _____

_____

### 11.2 Give the past tense of the auxiliary verbs.

a. έχει _____  είναι (sing.)_____

b. είμαστε _____  έχεις _____

c. είσαι _____  είναι (pl.) _____

d. είμαι _____  έχω _____

e. έχουμε _____  είστε _____

### 11.3 Change the sentences to past tense.

a. Ο φοιτητής είναι στην τάξη. _____

b. Έχω ένα καινούριο αυτοκίνητο. _____

c. Είμαστε τρία αδέλφια. _____

d. Έχουμε πολλά χρήματα. _____

e. Τι μάθημα έχετε; _____

f. Πόσα λεφτά έχεις στην τσέπη σου; _____

## 11.4 Give the personal pronouns.

a. I _____ you _____ he _____ she _____

b. we _____ you _____ they (m.) _____

c. they (f.) _____ they (n.) _____

## 11.5 Translate using the possessive of the personal pronoun.

a. my father _____ your sister _____

b. her child _____ our professor _____

c. their school _____ your (p.) teacher _____

## 11.6 Translate using the possessive pronoun as the indirect object.

a. I give him a book. _____

b. He writes me a letter. _____

c. I tell him my name. _____

d. They give us a gift. _____

e. He teaches us English. _____

f. We teach them Greek. _____

## 11.7 Translate using the objective case of the personal pronoun.

a. We love you. _____

b. He hits me. _____

c. I wait for you. _____

d. They greet him. _____

e. You ask me. _____

f. I see you (p.). _____

## 11.8 Translate orally using the interrogative pronoun "τι;".

a. What do you have?

b. What is he saying?

c. What are you?

d. What are they eating?

e. What do they drink?

f. What do you want (p.)?

g. What does he write?

h. What are you reading?

## 11.9 Match the Greek to the English translation.

a. Γιατί δεν ξέρουν;                     Does he (she) not know?

b. Ξέρετε;                               Why do they not know?

c. Δεν ξέρουμε.                          Who does not know?

d. Δεν ξέρει;                            We do not know.

e. Ναι, ξέρω.                            Do you know?

f. Δεν ξέρεις;                           What do you not know?

g. Ποιος δεν ξέρει;                      Yes, I know.

h. Τι δεν ξέρετε;                        Don't you know?

# Μάθημα 12 - Οι μέρες

## 12.1 Recite the names of the days.

## 12.2 Fill in the blanks with the appropriate name of the day.

a. Σήμερα είναι Σάββατο. Χτες ήταν _____

b. Αύριο είναι _____

c. Μεθαύριο είναι _____

d. Προχτές ήταν _____

e. Πριν από την Τετάρτη είναι _____

f. Μετά από την Τρίτη είναι _____

## 12.3 Multiple choice. Check the correct answer.

a. Δυο μέρες μετά την Τρίτη είναι: η Κυριακή _____ η Δευτέρα _____ η Πέμπτη _____

b. Μια μέρα πριν από το Σάββατο είναι: η Πέμπτη _____ η Παρασκευή _____ η Κυριακή _____

c. Αν η πρώτη μέρα είναι η Κυριακή, η τελευταία είναι: η Δευτέρα _____ το Σάββατο _____

d. Μια εβδομάδα έχει: πέντε μέρες _____ οχτώ μέρες _____ εφτά μέρες _____

## 12.4 Change these masculine nouns to accusative case, singular and plural number.

Ex.: ο άνθρωπος, τον άνθρωπο, τους ανθρώπους.

a. Ο δρόμος είναι ίσιος. Περπατούμε στον _____.

Περπατούμε στους _____.

b. Ο φύλακας φυλάει την τράπεζα. Η τράπεζα φυλάγεται από _____.

Η τράπεζα φυλάγεται από _____.

c. Ο μαθητής διαβάζει. Η δασκάλα βοηθάει τον _____ να

διαβάζει. Η δασκάλα βοηθάει τους _____ να διαβάζουν.

d. Ο δάσκαλος είναι αυστηρός. Οι μαθητές δεν αγαπούν τον _____.

Οι μαθητές δεν αγαπούν τους _____.

e. Ο καθηγητής διδάσκει ελληνικά. Οι μαθητές ρωτούν τον _____.

που διδάσκει ελληνικά. Οι μαθητές ρώτησαν τους _____

που διδάσκουν ελληνικά.

f. Ο καφές είναι ζεστός. Ο πελάτης ήπιε έναν _____.

Οι πελάτες ήπιαν _____.

g. Ο κεφτές ήταν νόστιμος. Η οικογένεια έφαγε τους _____.

## 12.5 Change these feminine nouns to accusative case, singular and plural.

Ex.: η μητέρα, την μητέρα, τις μητέρες.

a. Η χαρά - Η νίκη της ομάδας μάς γέμισε από _____

Η νίκη της ομάδας μάς γέμισε από_____

b. Η γραμμή - Το βιβλίο έχει μια κόκκινη _____

Το βιβλίο έχει πολλές κόκκινες _____

c. Η καρδιά - Ο φίλος μου με έχει μέσα στην _____του.

Η νίκη γέμισε τις _____ μας από χαρά.

d. Η πόλη - Ζούμε στη μεγάλη _____

Ζήσαμε σε μεγάλες _____

e. Η λεωφόρος - Περάσαμε _____ Πατησίων.

Αυτοκίνητα πηγαινοέρχονται στις _____

## 12.6 Change these neuter nouns to accusative case, singular and plural.

Ex.: το βιβλίο, το βιβλίο, τα βιβλία.

a. το παιδί _____  _____

b. το πρόσωπο_____  _____

c. το θέατρο _____  _____

d. το κύμα _____  _____

e. το όνομα _____  _____

f. το μέρος _____  _____

g. το έθνος _____  _____

## 12.7 Translate orally using "στον, στη(ν) στο".

| | | | |
|---|---|---|---|
| a. to town | to New York | to the movies | to the theater |
| b. to father | to the teacher | to school | at home |
| c. in the yard | in the street | on the table | in the refrigerator |
| d. in the house | in the room | in the car | on the tree |
| e. in the glass | in the book | in the sky | on my head |
| f. in the classroom | in your hand | in your eye | |

## 12.8 Say or write in Greek these phrases.

| | | |
|---|---|---|
| a. on Sunday | today | on Friday |
| b. every day | tomorrow | yesterday |
| c. on Monday | Which day? | some day |
| d. both days | all day | half day |
| e. on the seven days | on all days | in one day |
| f. in two days | in five days | on every day |

## 12.9 Look at the calender in the reading. Answer these questions.

a. Τι μέρα είναι η δέκατη πέμπτη του μήνα;

b. Η δεύτερα του μήνα;

c. Η εικοστή έκτη;

d. Η δέκατη τρίτη;

e. Η τέταρτη;

f. Η εικοστή πρώτη;

g. Η τρίτη;

## 12.10 Answer these questions.

a. Γράψετε το όνομα της ημέρας που περιέχει το γράμμα υ: _____

b. Γράψετε τα ονόματα της ημέρας ή των ημερών που περιέχουν το διπλό φωνήεν ευ:

_____  _____

c. Γράψετε το όνομα της μέρας που αρχίζει με το γράμμα Σ: _____

d. Γράψετε τις μέρες που καθεμιά έχει τέσσερις συλλαβές: _____

_____

## Μάθημα 13 - Ένα καλοκαίρι στην Ελλάδα

**13.1 Answer the questions.**

a. Τι νοίκιαζαν στην Αθήνα; _____

b. Είχαν αυτοκίνητο; _____

c. Πού πήγαιναν κάθε μέρα; _____

d. Πού πήγαιναν με το πλοίο; _____

e. Τι έκαναν στις παραλίες; _____

f. Τι έτρωγαν; _____

g. Τι έπιναν; _____

h. Πώς ήταν οι άνθρωποι; _____

i. Τι τους έδιναν οι άνθρωποι; _____

j. Πού τους προσκαλούσαν; _____

k. Πώς πέρασαν το καλοκαίρι; _____

**13.2 How is the past continuous tense of verbs formed?**

_____

_____

**13.3 These sentences are in the present tense. Change them to past continuous tense.**

a. Είναι καλός μαθητής. _____

b. Έχουμε πολλά παιχνίδια. _____

c. Είμαστε τρία αδέλφια. _____

d. Είστε καλοί ποδοσφαιριστές. _____

e. Τι είσαι; _____

f. Έχουν πολλά λεφτά. _____

g. Έχει δυο μαγαζιά. _____

h. Ποιοι δεν έχουν βιβλία; _____

i. Δεν έχετε σπίτι; _____

## 13.4 Change to past continuous tense.

a. σε βλέπω _____  του γράφει _____

b. τρώμε _____  πίνουν _____

c. με αγαπά _____  ζουν καλά _____

d. δε σου μιλώ _____  Τι παίζεις; _____

## 13.5 Translate the words in parenthesis.

a. (This summer I was) _____ στην Ελλάδα.

b. (I used to eat) _____ ελληνικά φαγητά.

c. (I used to drink) _____ ελληνικό άσπρο και κόκκινο κρασί.

d. (I used to see) _____ ποδόσφαιρο.

e. (I used to write every day) _____ κάρτες στους φίλους μου.

f. (I was swimming every day.) _____

g. (I did not have much money.) _____

## 13.6 Use the adjective "φιλόξενος, φιλόξενη, φιλόξενο, φιλόξενοι, φιλόξενες, φιλόξενα" with these words.

a. _____κόσμος     d. _____χώρα

b. _____κάτοικοι    e. _____χωριά

c. _____έθνος       f. _____γυναίκες

## 13.7 Use the adjective "ντόπιος, ντόπια, ντόπια" with these words.

a. _____ κρασί      d. _____προϊόντα

b. _____ μήλα       e. _____λάδι

c. _____ ντομάτες   f. _____σταφύλια

## 13.8 Conjugate the present and past continuous of the verb "τρώω".

a. τρώω            b. έτρωγα

_____    _____

_____    _____

_____    _____

_____    _____

_____    _____

## 13.9 Use "κάθε" and "καθένας, καθεμιά, καθένα" with these words.

| a. man | woman | child | school | pupil | teacher |
|--------|-------|-------|--------|-------|---------|
| b. house | book | room | name | father | mother |
| c. uncle | aunt | boy | girl | professor | table |

## 13.10 Circle the words that do not belong together.

a. αυτοκίνητο    τρένο    αεροπλάνο    ποδήλατο

b. μικρός    μεγάλος    παιχνίδι    αρκετός

c. μου    της    τον    του

d. ο Παύλος    ο Πέτρος    ο Νίκος    ο Γιάννης

e. το όνομά μου    το όνομά της    το όνομά μας    το όνομά σου

## 13.11 Change the verbs to present tense.

a. Χτες ήμουν στο Παρίσι. Σήμερα _____ στην Αθήνα.

b. Τα παιδιά έτρωγαν μακαρόνια. Σήμερα _____ κεφτέδες.

c. Ο Γιώργος έπινε μπύρα. Τώρα _____ καφέ.

d. Χτες παίζαμε ποδόσφαιρο. Τώρα _____ μπάσκετ.

## *Μάθημα 14* - Χτες πρωί στο σπίτι

### 14.1 Answer the questions.

a. Πότε σηκώθηκε η Ειρήνη το πρωί; _____

b. Τι έκανε πρώτα; _____

c. Πώς στέγνωσε τα μαλλιά της; _____

d. Με τι βούρτσισε τα δόντια της; _____

e. Τι έκανε αφού ντύθηκε; _____

f. Τι ήταν το πρωινό της _____

_____

g. Από τι γίνεται μια ομελέτα; _____

h. Τι ψωμί έφαγε; _____

i. Τι ήπιε; _____

_____

j. Έβαλε γάλα στον καφέ της; _____

k. Έβαλε ζάχαρη στον καφέ της; _____

l. Διάβασε την εφημερίδα; _____

m. Γιατί δεν τη διάβασε; _____

_____

n. Πώς πήγε στη δουλειά της; _____

o. Πού την πήγε το λεωφορείο; _____

p. Πώς πήγε στο γραφείο από εκεί που την άφησε το λεωφορείο; _____

### 14.2 Translate the words in parenthesis to Greek.

a. Η Ειρήνη ξύπνησε (in the morning) _____

b. (She combed) _____ τα μαλλιά της.

c. Έφαγε (an omelet) _____

d. Έφαγε (wheat bread) _____

e. Έριξε μια ματιά (to the paper) _____

f. Πήγε στην πόλη με (bus) _____

**14.3 The past simple tense is formed from the present tense stem. In many verbs it is formed from another stem (these are irregular verbs, similar to English verbs: as I go, I went). The student should memorize the past simple tense of all verbs regular or irregular. Change the sentences to past simple tense.**

a. Σε βλέπω. _____   Δε σε γνωρίζω. _____

b. Μου γράφει. _____   Διαβάζει πολύ. _____

c. Μας δίνει λεφτά. _____   Δεν έχω λεφτά. _____

d. Θέλω να πάω. _____   Τρέχει γρήγορα. _____

e. Λέω κάτι._____   Τρώμε πρωινό. _____

**14.4 Change these sentences with Group 2 and 3 verbs to the past simple tense.**

a. Ζει στην Αθήνα. _____

b. Ο Τάσος αγαπά την Ανθή. _____

c. Δεν μπορώ να τον δω. _____

**14.5 Change these sentences with Group 4 verbs to the past simple tense.**

a. Είμαι νέος. _____

b. Έρχεται στις δέκα. _____

c. Κάθεται στην Αθήνα. _____

d. Χρειάζομαι μερικά λεφτά. _____

e. Ντύνεται γρήγορα και φεύγει. _____

**14.6 Use of the relative pronoun "που" to translate to English.**

a. το νερό που πίνουμε _____

b. το μάθημα που έχουμε _____

c. τα παιδιά που παίζουν _____

d. ο καθηγητής που διδάσκει _____

e. ο παίκτης που παίζει ποδόσφαιρο _____

f. οι λέξεις που γράφουμε _____

## 14.7 Sentences with "ο οποίος, η οποία, το οποίο". Translate.

a. Ο άνθρωπος, ο οποίος ήρθε χτες. _____

b. Η καθηγήτρια, η οποία έγραψε αυτό το βιβλίο. _____

_____

c. Οι φοιτητές, οι οποίοι φοιτούν για πρώτη φορά. _____

_____

d. Η ορχήστρα, η οποία παίζει στον χορό μας. _____

_____

e. Τα ελικόπτερα, τα οποία πέρασαν πριν λίγη ώρα. _____

_____

f. Ο καθηγητής, ο οποίος τιμωρεί τους μαθητές. _____

_____

## 14.8 Use the interrogative adverb "πού;" to translate to Greek.

a. Where are you? _____

b. Where are you going? _____

c. Where are my books? _____

d. Where did they go? _____

e. Where is the theater? _____

f. Where is a bank? _____

## 14.9 Say and write the answers.

a. ένας καθηγητής      δυο _____

b. ένα φλιτζάνι καφέ      τρία _____

c. ένα λεωφορείο        δέκα _____

d. μια οδοντόβουρτσα     δυο  _____

e. μια οδοντόκρεμα       τρεις _____

f. μια ματιά             δυο _____

g. μια εφημερίδα         πολλές _____

h. ένας σκέτος καφές     δυο _____

## 14.10 Conjugate orally the past simple tense of these verbs.

a. γράφω - έγραψα

b. πηγαίνω - πήγα

c. στεγνώνω - στέγνωσα

## 14.11 True or false: Σωστό (Σ) ή λάθος (Λ).

a. Η Ειρήνη σηκώθηκε στις οχτώ το πρωί.          Σωστό _____ Λάθος _____

b. Η Ειρήνη έφαγε για πρωινό δυο τηγανιτά αβγά.    Σωστό _____ Λάθος _____

c. Η Ειρήνη ήπιε έναν σκέτο καφέ.                 Σωστό _____ Λάθος _____

d. Η Ειρήνη πήγε στη δουλειά της με το αυτοκίνητό της.  Σωστό _____ Λάθος _____

e. Η Ειρήνη δουλεύει σε ένα γραφείο.              Σωστό _____ Λάθος _____

## 14.12 Change the nouns and the adjectives in the sentences to plural.

a. Ήπια έναν καφέ. Ήπια δυο _____

b. Το φλιτζάνι είναι γεμάτο. _____

c. Διάβασα την εφημερίδα. _____

d. Έγραψα το γράμμα. _____

e. Πήγα με το λεωφορείο. _____

f. Δουλεύω σε γραφείο. _____

## Μάθημα 15 - Η ώρα

**15.1 Write in Greek the times that these clocks and watches show.**

a. _____

b. _____

c. _____

d. _____

e. _____

f. _____

g. _____

h. _____

i. _____

**15.2 Give the time.** Η ώρα είναι:

a. ten o' clock in the morning _____

b. five fifteen _____

c. quarter to four _____

d. six twenty _____

e. twelve o' clock midnight _____

f. twelve o' clock noon _____

g. half past five _____

h. three o' clock _____

i. eight twenty _____

j. ten to ten _____

## 15.3 Translate the words in parenthesis. Hint: First find the word, then change it to plural possessive.

Ex.: for a. the word is "θάλασσα" – plural possessive "των θαλασσών".

a. Τα κύματα (of the seas) _____

b. Οι φωνές (children's) _____

c. Τα φώτα (of the streets) _____

d. Τα φύλλα (of the trees) _____

e. Τα δωμάτια (of the houses) _____

f. Η ώρα (of the lessons) _____

g. Τα κτίρια (of the schools) _____

## 15.4 Multiple choice. Check the correct answer.

a. Όταν βγαίνει ο ήλιος, είναι:

πρωί _____    μεσημέρι _____    βράδυ _____

b. Ο ήλιος είναι ψηλά στον ουρανό:

είναι βράδυ _____    είναι μεσάνυχτα _____    είναι μεσημέρι _____

c. Ο ήλιος πάει να δύσει:

είναι νύχτα _____    είναι απόγευμα _____    είναι πρωί _____

d. Δε βλέπουμε τον ήλιο:

είναι μέρα _____    είναι νύχτα _____    είναι απόγευμα _____

## 15.5 Form diminutive (υποκοριστικά) words.

a. μολύβι _____    ποτήρι _____

b. παιχνίδι _____    τραγούδι _____

c. χέρι _____    πόδι _____

## 15.6 Write in Greek the numbers drawn in today's lottery.

| Maryland | 38 | 40 | 1 | 25 |
| Virginia | 22 | 44 | 11 | 35 |
| New York | 10 | 16 | 3 | 14 |
| Chicago | 5 | 21 | 33 | 34 |

a. Maryland _____

b. Virginia _____

c. New York _____

d. Chicago _____

## 15.7 Write these years in Greek (numbers only).

a. 1776 (American Independence Day)

_____

b. 1821 (Greek Independence Day)

_____

c. 1492 (Christopher Columbus's first voyage)

_____

d. 474 A. D. (Fall of the Roman Empire)

_____

e. 1453 A. D. (Fall of the Byzantine Empire)

_____

## 15.8 Translate to Greek.

a. Why does he talk? _____

b. Why did you not come? _____

c. Why do you drink? _____

d. Why are they here? _____

e. Why did you go there? _____

f. Why do they not work? _____

## Μάθημα 16 - Τι φοράμε

### 16.1 Write the names of the things in Greek.

a.

c.

e.

a. _____

b. _____

b.

d.

f.

c. _____

d. _____

e. _____

f. _____

### 16.2 The verb "φορώ – φοράω". Verbs ending in "-ω" have also a form ending in "-άω", as:

"φορώ – φοράω, αγαπώ – αγαπάω, περπατώ – περπατάω, πεινώ – πεινάω".

### They are conjugated as follows:

φορώ – φοράω
φοράς
φορά – φοράει
φορούμε – φοράμε
φοράτε
φορούν – φοράνε

### Answer the questions.

a. Τι φοράει ο Μανόλης; _____

_____

b. Τι φοράει η Μαρία; _____

c. Τι φοράει ο Μανόλης στο κεφάλι του; _____

_____

d. Τι φορούμε τον χειμώνα, όταν κάνει κρύο; _____

_____

e. Γιατί κάποιος φοράει γυαλιά; _____

_____

f. Τι φορούν συνήθως οι γυναίκες; _____

_____

## 16.3 Complete the sentences by translating the words in parenthesis.

a. Τον χειμώνα φορούμε (a coat) _____

b. Ο Γιάννης, όταν πηγαίνει στη δουλειά, πάντοτε φοράει (tie) _____

c. Η Ελένη πάντοτε φοράει (blouses) _____

d. Ο Κώστας ποτέ δεν φοράει (hat) _____

e. Εγώ φοράω (glasses) _____ γιατί δεν βλέπω μακριά.

f. Η Άννα φοράει ένα ωραίο (dress) _____

g. Ο κύριος Παπαδόπουλος φοράει (a costume) _____

h. Έχω τρία ζευγάρια (shoes) _____

## 16.4 Write the plural of these words.

a. ένα κοστούμι     δυο _____

b. μια μπλούζα      τρεις _____

c. ένα καπέλο       πέντε _____

d. μια ζώνη         δυο _____

e. ένα πουκάμισο    τρία _____

f. μια γραβάτα      δυο _____

g. ένα πανταλόνι    πολλά _____

h. ένα μαντήλι      δυο _____

## 16.5 Form the comparative degree of these adjectives (two ways).

a. μικρός _____     _____

b. μικρή _____     _____

c. μεγάλο _____     _____

d. μεγάλη _____     _____

e. βαθύς _____     _____

**16.6 Change the adjective in parenthesis to comparative degree.**

a. Αυτό το δέντρο είναι (ψηλός) _____ από εκείνο.

b. Το σπίτι μου είναι (μεγάλος) _____ από το δικό σου.

c. Αυτό το δέμα είναι (βαρύς) _____ από το άλλο.

d. Τα παιδιά του είναι (μικρός) _____ από τα δικά μου.

**16.7 How do you say?**

a. of course, unfortunately (classic forms)

b. fortunately, with pleasure (classic forms)

## Μάθημα 17 - Το χιόνι - τώρα, χτες, αύριο

**17.1 Change the sentences to future continuous and future simple tense.**

a. Τρώει το πρωινό του. _____

_____

b. Γράφουμε το μάθημά μας. _____

_____

c. Παίζει στην αυλή. _____

_____

d. Λένε κάτι. _____

_____

e. Αγαπά τα παιδιά. _____

_____

f. Κάθεται φρόνιμα. _____

_____

**17.2 Answer these questions based on the three readings.**

a. Τι μήνας είναι; Τι μήνας θα είναι; _____

_____

b. Θα βρέχει ή θα χιονίζει; _____

c. Πώς θα πέφτει το χιόνι; _____

d. Τι θα σκεπάσει το χιόνι; _____

_____

e. Γιατί χαίρονται τα παιδιά; _____

f. Τι θα φορέσουν τα παιδιά; _____

g. Πού θα παίξουν τα παιδιά; _____

h. Τι θα κάνουν τα παιδιά με το χιόνι; _____

i. Τι θα κάνει ο πατέρας; _____

j. Τι θα ετοιμάσει η μητέρα; _____

## 17.3 The present tense is given. Write the past continuous, past simple, future continuous, and future simple.

a. τρώω _____    _____

_____    _____

b. πίνει _____    _____

_____    _____

c. γράφουμε _____    _____

_____    _____

d. λένε _____    _____

_____    _____

e. διαβάζεις _____    _____

_____    _____

f. παίζουμε _____    _____

_____    _____

g. μπορώ _____    _____

_____    _____

h. περπατά _____    _____

_____    _____

i. πηδάς _____    _____

_____    _____

## 17.4 Circle the word that do not belong to the group.

a.    χιόνι    κρύο    καλοκαίρι    χειμώνας

b.    αγαπούσα    αγάπησε    θα αγαπώ    αγαπώ

  c.   έξω   μέσα   πόρτα   εδώ

  d.   σούπα   αβγά   ψάρι   παπούτσια

## 17.5 Use the definite article with these words.

a. _____ τζάκι       _____ σούπα       _____ έξω       _____ χειμώνας

b. _____ τσάι       _____ χιονάνθρωπος   _____ χιονοπόλεμος

c. _____ ρούχα       _____ δουλειά       _____ ταξιδιώτης

## 17.6 Translate orally.

a. This is the street. I see the street. I am in the street.

b. It is snowing. The snow is white. The snow is cold. I am cold. It is cold.

c. The snow covers the houses. The houses are covered with snow.

d. Mother prepares some soup. The soup is hot. The children eat the soup.

e. Father lights the fireplace. The house is warm. I like the fire.

f. I wear warm clothes.

g. The children play outside.

## 17.7 Use the verb "ετοιμάζω" in the proper form and the adjective "έτοιμος – έτοιμη – έτοιμο" to complete or translate the sentences: ετοιμάζω (1) – I prepare    ετοιμάζομαι (4) – I get ready

a. Η μητέρα (ετοιμάζω) _____ μια σούπα.

b. Ο φίλος μου (is preparing)_____ για ένα ταξίδι.

c. (We are preparing) _____ για το παιχνίδι.

d. Are you ready? _____

e. They will be ready in an hour. _____

# Part II

## *Μάθημα 18* - Στην αγορά

### 18.1 Answer the questions.

a. Πού πηγαίνει η οικογένεια; _____

b. Γιατί πηγαίνει στην αγορά η οικογένεια; _____

_____

c. Από πού ψωνίζουν κρέας; _____

d. Τι κρέας ψωνίζουν; _____

_____

e. Από πού αγοράζουν γλυκίσματα; _____

f. Τι γλυκίσματα αγοράζουν; _____

_____

g. Τι ψωνίζουν από το μανάβικο; _____

_____

h. Τι φρούτο θέλουν τα παιδιά; _____

i. Γιατί δεν μπορούν να έχουν αυτό το φρούτο; _____

j. Από πού ψωνίζουν αλκοολούχα ποτά; _____

### 18.2 Multiple choice.

a. Ψωνίζουμε κρέας από: έναν φούρνο ____     μια κάβα ____     ένα κρεοπωλείο ____

b. Ψωνίζουμε λαχανικά από: ένα ζαχαροπλαστείο ____     ένα μανάβικο ____     μια κάβα ____

c. Μπορούμε να βρούμε κρασί:

   σε ένα κρεοπωλείο ____     σε ένα οινοπνευματοπωλείο ____     σε ένα ζαχαροπλαστείο ____

d. Η λέξη ψωμί είναι η ίδια με τη λέξη: μπακλαβάς ____     άρτος ____     τυρόπιτα ____

e. Στο οινοπνευματοπωλείο πουλούν: λαχανικά ____     γλυκίσματα ____     αλκοολούχα ποτά ____

f. Τα φρέσκα φασολάκια είναι: φρούτα ____     λαχανικά ____     γλυκίσματα ____

g. Τα μήλα και τα πορτοκάλια είναι: φρούτα ____     λαχανικά ____     γλυκίσματα ____

**18.3 In the Grammar section of the lesson you studied the passive voice of the verbs. In the active voice the subject acts, in the passive the subject is acted upon.**

Ex.: Ο γεωργός δένει το άλογο. **The farmer ties the horse.** (active voice)

Το άλογο δέθηκε από τον γεωργό. **The horse was tied by the farmer.** (passive)

**Change the following sentences to passive.**

**The present, past simple and passive past simple tenses are given.**

a. γράφω – έγραφα – γράφτηκα

Η Μαρία έγραψε ένα γράμμα. _____

b. ντύνω – έντυσα – ντύθηκα

Η μητέρα έντυσε το παιδί. _____

c. χτυπώ – χτύπησα – χτυπήθηκα

Ένα αυτοκίνητο χτήπησε τον Αντρέα. _____

d. αγαπώ – αγάπησα – αγαπήθηκα

Ο κόσμος αγάπησε τον αθλητή. _____

e. αγοράζω – αγόρασα – αγοράστηκα

Ο φίλος μου αγόρασε αυτό το σπίτι. _____

**18.4 Match these.**

| | |
|---|---|
| a. έφαγα | I felt |
| b. χτυπήθηκα | I was feeling |
| c. χτυπιόμουν | I sold |
| d. αισθανόμουν | I ate |
| e. αισθάνθηκα | I was being hit |
| f. γράφτηκα | I was being sold |
| g. πουλήθηκα | I was hit |
| h. πούλησα | I was written |
| i. πουλιόμουν | I was sold |

**18.5 Translate.**

a. We went to the market. _____

b. We bought some lamb. _____

c. We bought gifts. _____

d. We ate some sweets. _____

e. We saw a movie. _____

f. We bought some fruit. _____

## 18.6 Complete the sentences.

a. Αγοράζουμε κρέας από το _____

b. Αγοράζουμε γλυκίσματα από το _____

c. Βρίσκομε ντομάτες σε ένα _____

d. Αν θέλουμε ουίσκυ πηγαίνουμε στο _____

## 18.7 Identify each item on the stand.

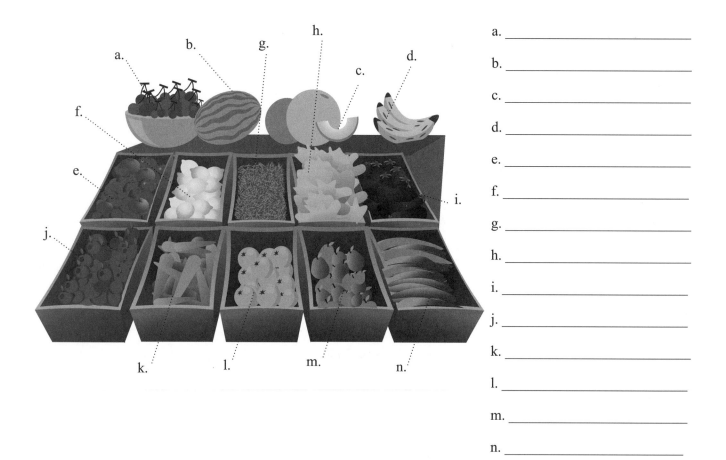

a. _____

b. _____

c. _____

d. _____

e. _____

f. _____

g. _____

h. _____

i. _____

j. _____

k. _____

l. _____

m. _____

n. _____

## *Μάθημα 19 - Ο χρόνος, οι εποχές, οι μήνες*

**19.1 Write or answer orally. Answering orally will help you improve your conversation. Use full sentences.**

a. Πόσα παιδιά είχε ο Χρόνος; _____

b. Πώς λεγόταν το μεγαλύτερο παιδί; _____

c. Πώς ήταν τα μαλλιά αυτού του παιδιού; _____

d. Τι άρεσε στον Χειμώνα πιο πολύ; _____

_____

e. Πώς λεγόταν το κορίτσι του Χρόνου; _____

f. Πώς ήταν το κορίτσι αυτό; _____

_____

g. Τι της άρεσαν; _____

h. Πώς στόλιζε το κεφάλι της; _____

_____

i. Πώς ήταν το Φθινόπωρο; _____

j. Με ποιον δεν τα πήγαινε καλά το Φθινόπωρο; _____

_____

k. Πώς ήταν το Καλοκαίρι; _____

l. Τι του άρεσαν πιο πολύ; _____

m. Ποια ήταν τα παιδιά του Χειμώνα; _____

_____

n. Ποια ήταν τα εγγόνια της Άνοιξης; _____

_____

o. Με τι όνομα φώναζε ο Χρόνος τα εγγόνια του; _____

_____

p. Από ποιον μήνα έκλεψαν μέρες μερικοί μήνες; _____

q. Γιατί οι μήνες μάλωναν μεταξύ τους; _____

_____

**19.2 Recite the names of the months, the names of the seasons, and the names of the days.**

**19.3 Mark the names of the seasons on the following chart.**

a.

b.

c.

d.

a. _____

b. _____

c. _____

d. _____

**19.4 Write or say the dates in Greek.**

a. The date today is fifteen of September, 2008.

b. The date yesterday was October 11.

c. My birthday is on …

d. The Greek revolution started on March 25th, 1821.

e. The American Revolution was in the year 1776.

f. January first 2009

**19.5 Match the following.**

a. Easter                          Γενέθλια

b. 15th of August                  Πρωτοχρονιά

c. 25th of March                   Πάσχα, Ανάσταση

d. New Year's Day                  Μεγάλη Παρασκευή

e. Birthday                        Κοίμησις της Θεοτόκου

f. Ill-omened day                  Ημέρα του ΟΧΙ

g. 28 of October                   Ελληνική Επανάσταση

h. Holy Friday                     Ημέρα αποφράδα

## 19.6 What is a deponent verb?

a. Give three examples of deponent verbs.

_____  _____  _____

b. Conjugate the three tenses of "φαίνομαι".

| Present | Past Continuous | Past Simple |
|---------|-----------------|-------------|
| _____ | _____ | _____ |
| _____ | _____ | _____ |
| _____ | _____ | _____ |
| _____ | _____ | _____ |
| _____ | _____ | _____ |
| _____ | _____ | _____ |

## 19.7 Use the short forms of the personal pronoun to change the sentences.

a. Έχω το βιβλίο. _____

b. Βλέπω τον Γιάννη. _____

c. Πίνω το νερό. _____

d. Αγαπώ την Ελένη. _____

e. Ξέρω τους γονείς σου. _____

f. Λυπούμαι τους φτωχούς. _____

g. Γράφω τα γράμματα. _____

h. Πέρασα τις εξετάσεις. _____

## 19.8 Circle the word that does not belong to the group.

a.   Φεβρουάριος   Κυριακή   Μάρτης   Γενάρης

b.   άνοιξη   πρωί   μεσημέρι   βράδυ

c.   νύχτα   φθινόπωρο   χειμώνας   καλοκαίρι

d.   χρόνος   κρίνος   μήνας   μέρα

e.   χρυσάνθεμο   τριαντάφυλλο   λουλούδι   χειμώνας

# Μάθημα 20 - Ο καιρός

## 20.1 Answer these questions orally.

a. Σε ποια πόλη ήταν ο Βασίλης;

b. Πότε έφυγε από τη Ρώμη;

c. Πώς ταξίδεψε από τη Ρώμη στο Μπάρι;

d. Πώς ταξίδεψε από το Μπάρι;

e. Σε ποια πόλη της Ελλάδας πήγαινε;

f. Τι συνάντησε το πλοίο στο ταξίδι;

g. Τι έκανε ο Βασίλης για να μη βλέπει την τρικυμία;

h. Πώς ήταν ο καιρός στην Αθήνα;

i. Ποιος περίμενε τον Βασίλη στην Αθήνα;

j. Πώς ήταν ο καιρός στη Θεσσαλονίκη;

k. Τι έλεγε η μετεωρολογική υπηρεσία για τον καιρό στη Βόρεια Ελλάδα;

l. Με ποιο πλοίο ταξίδευε ο Βασίλης;

m. Τι θα έκαναν οι δυο φίλοι, όταν ο Βασίλης θα έφτανε στην Αθήνα;

## 20.2 Translate these weather terms:

a. It is raining. _____ It is snowing. _____

b. It is cold. _____ It is warm. _____

c. Bad weather. _____ Good weather. _____

d. It is thundering. _____ It is lightning. _____

e. It is humid. _____ It is cold weather. _____

f. It is warm weather. _____ It is drizzling. _____

## 20.3 Change the adjectives first to comparative degree and then to superlative.

Ex.: καλός άνθρωπος (comparative)    πιο καλός or καλύτερος

(superlative)    ο πιο καλός or πολύ καλός or

πολύ πολύ καλός

a. ψηλό δέντρο    _____

_____

b. μεγάλος ήρωας    _____

c. μικρό πλοίο _____

_____

d. γλυκό φρούτο _____

_____

## 20.4 Translate.

a. How much is this? _____

b. How much work do you have? _____

c. How much money does he have? _____

d. How much is this car? _____

e. How many men are here? _____

f. How many women are here? _____

g. How much money do we have? _____

h. How many days are there in a week? _____

_____

i. How many children does Mr. and Mrs. Smith have? _____

_____

## 20.5 Match the items by drawing lines:

a. Το καλοκαίρι έχουμε                    ζεστά ρούχα

b. Τον χειμώνα έχουμε                     τον καιρό

c. Όταν κάνει πολύ κρύο το νερό           τη βροντή

d. Η μετεωρολογική υπηρεσία προβλέπει     κρύο

e. Όταν ο καιρός είναι κρύος φορούμε      ζέστη

f. Μετά από την αστραπή ακούμε            βροντά

g. Πρώτα αστράφτει και ύστερα             παγώνει

## Μάθημα 21 - Ο κύρ Γιάννης Δημητριάδης, γνώστης πολλών γλωσσών

### 21.1 Answer the questions.

a. Τι είναι ο κύριος Δημητριάδης; _____

b. Πού κάθεται και τι κάνει; _____

_____

c. Πόσων χρόνων είναι; _____

d. Γιατί λέει ότι είναι «πολύγλωσσος»; _____

e. Πόσες γλώσσες έμαθε; _____

f. Πού έμαθε αυτές τις γλώσσες; _____

_____

g. Τι ήταν ο πατέρας του; _____

h. Πού σπούδασε ο κύριος Δημητριάδης; _____

_____

i. Σε ποια χώρα πήγε για να μάθει αγγλικά; _____

j. Πού έμαθε τα γερμανικά; _____

k. Σε ποιες χώρες της Ασίας πήγε; _____

l. Γιατί λέει πως είναι «κοσμογυρισμένος»; _____

_____

### 21.2 Match the columns.

| | |
|---|---|
| a. Αυτός που ξέρει πολλές γλώσσες | Μοναχογιός |
| b. Αυτός που πήγε σε πολλά μέρη του κόσμου | Ηλικιωμένος |
| c. Κάποιος που πηγαίνει στο πανεπιστήμιο | Πολυμαθής |
| d. Μια χώρα στην Ασία | Καναδάς |
| e. Μια χώρα Νότια Αμερική | Κίνα |
| f. Μια χώρα στη Βόρεια Αμερική | Βραζιλία |
| g. Κάποιος που ξέρει πολλά | Κοσμογυρισμένος |
| h. Δεν έχει αδέλφια | Πολύγλωσσος |
| i. Προχωρημένος στην ηλικία | Φοιτητής |

**21.3 Write the subjunctive of these verbs. Remember the present tense subjunctive is the same as the indicative. The past simple tense is formed from the past simple tense stem:**

παίζω – I play
να παίζω – that I may be playing
να παίξω – that I may play

a. γράφω _____      _____

b. τρώω _____      _____

c. διαβάζω _____      _____

d. αγαπώ _____      _____

e. μιλώ _____      _____

f. περπατώ _____      _____

**21.4 Translate using the indefinite pronouns** "ένας, κάθε, κάποιος, κάμποσος, μερικοί, άλλος, κάτι, καθετί" **in the correct gender and case.**

a. Some students are here today. _____

b. We know everything about you. _____

c. This is another book. _____

d. There is something in this box. _____

e. Someone came into the room. _____

f. Every shirt is blue. _____

g. Every day is warm. _____

h. Every month is cold. _____

**21.5 Write the profession or vocation of these persons.**

a. Διδάσκει σ' ένα δημοτικό σχολείο. _____

b. Διδάσκει σε πανεπιστήμιο. _____

c. Πηγαίνουμε σ' αυτόν όταν είμαστε άρρωστοι. _____

d. Δουλεύει σε ένα γραφείο. _____

e. Σχεδιάζει κτίρια. _____

f. Οδηγεί ταξί. _____

g. Καλλιεργεί τη γη. _____

h. Τον χρειαζόμαστε, αν πάμε στο δικαστήριο. _____

i. Γράφει βιβλία, μυθιστορήματα κλπ. _____

j. Τον βλέπουμε σε μια ταινία. _____

k. Αρχηγός κράτους. _____

l. Επιδιορθώνει αυτοκίνητα. _____

m. Κατασκευάζει έπιπλα. _____

n. Κάνει γλυκίσματα. _____

o. Μαγειρεύει. _____

**21.6 Write:** τη χώρα, τη γλώσσα, πώς λέγεται ο άντρας και πώς η γυναίκα.

a. France _____   _____

   _____   _____

b. China _____   _____

   _____   _____

c. Germany_____   _____

   _____   _____

d. England_____   _____

   _____   _____

e. Greece _____   _____

   _____   _____

f. U. S. A. _____   _____

   _____   _____

**21.7 Cover the Greek text on the right column with a piece of paper so you cannot see it. Read the English and translate it. Then look at the Greek to check your answers.**

| | |
|---|---|
| a. I sit in the sun. | Κάθομαι στον ήλιο (λιάζομαι). |
| b. I drink a small cup of coffee. | Πίνω καφεδάκι (ένα μικρό φλιτζάνι καφέ). |
| c. I am resting. | Ξεκουράζομαι. |
| d. I admire you. | Σε θαυμάζω. |
| e. I am old in body but not old in the mind. | Είμαι ηλικιωμένος (γέρος) στο σώμα όχι όμως στο μυαλό. |
| f. I am not hiding my age. | Δεν κρύβω τα χρόνια μου. |
| g. I am proud of myself. | Περηφανεύομαι για τον εαυτό μου. |
| h. I hope you live to be one hundred. | Να τα εκατοστίσεις. |
| i. How many languages do you speak? | Πόσες γλώσσες μιλάτε; |
| j. How many languages do you know? | Πόσες γλώσσες ξέρετε; |
| k. I studied at many universities. | Σπούδασα σε πολλά πανεπιστήμια. |
| l. I know many languages. | Ξέρω πολλές γλώσσες. |
| m. I know Greek, English, German, Italian, Spanish, French. | Ξέρω ελληνικά, αγγλικά, γερμανικά, ιταλικά, ισπανικά, γαλλικά. |
| n. I know these languages well. | Ξέρω αυτές τις γλώσσες καλά. |
| o. Do you know ancient Greek? | Αρχαία Ελληνικά ξέρετε; |
| p. No, I did not have the chance to learn Ancient Greek. | Όχι, δε μου δόθηκε η ευκαιρία να μάθω αρχαία Ελληνικά. |
| q. What countries have you visited? | Ποιες χώρες έχετε επισκεφθεί; |
| r. Did you go to China? | Πήγατε στην Κίνα; |
| s. Did you visit America? | Επισκεφθήκατε την Αμερική; |
| t. Do you say that you are "learned"? | Λέτε πως είστε «πολυμαθής»; |
| u. Are you the only son? | Είστε μοναχογιός; |

## 21.8 Translate this conversation to English.

Δυο φοιτήτριες συναντιόνται στη βιβλιοθήκη του πανεπιστημίου. Χαιρετά η μια την άλλη.

Γεια σου!

Γεια σου!

Πώς σε λένε;

Με λένε Σοφία.

Εσένα, πώς σε λένε;

Με λένε Πηνελόπη.

Χαίρω πολύ.

Κι εγώ.

Από πού είσαι;

Είμαι από την Ελλάδα.

Εσύ;

Εγώ είμαι από την Ιταλία.

Τι σπουδάζεις;

Σπουδάζω οικονομικά.

Κι εσύ, τι σπουδάζεις;

Εγώ σπουδάζω λογιστικά.

Πόσα χρόνια σπουδάζεις;

Τρία χρόνια. Είμαι τριτοετής.

Κι εσύ;

Εγώ φέτος τελειώνω.

Τι θα κάνεις, όταν τελειώσεις;

Θα γυρίσω στην πατρίδα μου.

Χάρηκα πολύ.

Κι εγώ.

Ελπίζω να σε ξαναδώ.

Κι εγώ. Αυτό είναι το τηλέφωνό μου. Τηλεφώνησέ μου κάποια στιγμή.

## *Μάθημα 22* - Η Αντιγόνη ετοιμάζεται για το πανεπιστήμιο

### 22.1 Answer the questions.

a. Πού ετοιμάζεται να πάει η Αντιγόνη; _____

b. Τι έχει τελειώσει; _____

c. Πού έχει υποβάλει αίτηση για τις σπουδές της; _____

_____

d. Σε ποιο πανεπιστήμιο θα πάει; _____

_____

e. Τι έχουν ετοιμάσει οι γονείς για την Αντιγόνη; _____

_____

f. Τι έχουν αγοράσει οι γονείς για την Αντιγόνη; _____

_____

g. Τι έχουν βάλει στο δωμάτιο; _____

_____

h. Πώς θα πηγαινοέρχεται η Αντιγόνη στο σχολείο; _____

_____

### 22.2 Translate the sentences (verbs in the present and past perfect tenses).

a. I finish my breakfast. _____

b. I will finish my breakfast. _____

c. I have finished my breakfast. _____

d. He will read the Iliad. _____

e. He read the Iliad. _____

f. He has read the Iliad. _____

g. We are going home. _____

h. We went home. _____

i. We will go home. _____

j. We had gone home. _____

k. Do you see them?_____

l. Did you see them?_____

m. Will you see them?_____

n. Have you seen them? _____

o. Had you seen them?_____

p. She loves her children. _____

q. She was loving her children. _____

r. She loved her children. _____

s. She had loved her children. _____

## 22.3 Translate these exercises on the adverbs of place.

a. The book is on the table. _____

b. The pencil is under the chair. _____

c. My car is here. _____

d. Your bicycle is there. _____

e. The children are outside. _____

f. The parents are inside. _____

g. The girls go in front. _____

h. The boys go in the back. _____

i. The trees are to the left. _____

j. The bushes are to the right. _____

k. The trees are in the back. _____

l. The flowers are in front. _____

m. The airport is far. _____

n. The train station is near. _____

## 22.4 Translate.

a. I need some stamps. _____

b. Where is the post office? _____

c. How many stamps do you need? _____

d. I need stamps for Canada. _____

_____

e. I need stamps for domestic use. _____

_____

f. I want to send five letters. _____

g. Where do the letters go? _____

## 22.5 Conjugate the present perfect and past perfect of the verb "αγοράζω".

a. έχω αγοράσει                    b. είχα αγοράσει

_____     _____

_____     _____

_____     _____

_____     _____

_____     _____

## 22.6 Give the present tense, first person of the following verbs.

a. ετοιμάζεται _____

b. έχει περάσει _____

c. έχουν απαντήσει _____

d. είχαν αγοράσει _____

e. πηγαινοερχόταν _____

f. είχαν κάνει _____

g. μελετούσε _____

h. είναι _____

i. είχαν φροντίσει _____

## 22.7 Translate and change the words in parenthesis to plural.

a. Πέρασα (my examinations) _____

b. Αυτή είναι (my application) _____

c. Έχουμε στο σπίτι δυο (televisions) _____

d. Η κόρη μου φοιτά (the lyceum) _____

e. Υπάρχουν τρία (universities) _____ στην πόλη μας.

## 22.8 Multiple choice. Check the correct answer.

a. Η Αντιγόνη:

πηγαίνει στο πανεπιστήμιο _____    πήγε στο πανεπιστήμιο _____    θα πάει στο πανεπιστήμιο _____

b. Οι γονείς έχουν αγοράσει για την Αντιγόνη:

ένα σπίτι _____    ένα φόρεμα _____    ένα αυτοκίνητο _____

c. Το δωμάτιο της Αντιγόνης:

έχει έναν πίνακα της Ακρόπολης _____    έχει μια βιβλιοθήκη _____    έχει ένα κομπιούτερ _____

d. Η Αντιγόνη θα πηγαινοέρχεται στο σχολείο:

με το λεωφορείο _____    με το αυτοκίνητο του φίλου της _____    με το δικό της αυτοκίνητο _____

## 22.9 Correct the following sentences.

a. Οι γονείς της έχει τοποθετήσει ένα τηλέφωνο στο δωμάτιο. _____

_____

b. Τον προηγούμενο χρόνο έχουν αγοράσει ένα αυτοκίνητο. _____

_____

c. Η Αντιγόνη ετοιμάζονται για το πανεπιστήμιο. _____

_____

## 22.10 Identify the buildings.

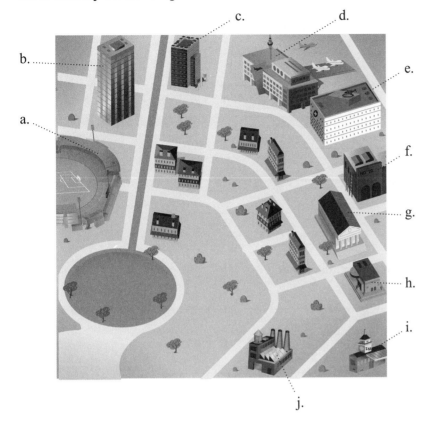

a. _____

b. _____

c. _____

d. _____

e. _____

f. _____

g. _____

h. _____

i. _____

j. _____

## 22.11 Complete the sentences.

a. Για να δούμε μια ταινία πηγαίνουμε στον _____

b. Ο Ιάσονας έπεσε κι έσπασε το πόδι του. Πήγε στο _____

c. Ο μικρός Ανδρέας πηγαίνει στο _____ σχολείο.

d. Ο αδελφός του, που είναι δεκαοχτώ χρόνων, πηγαίνει στο _____

e. Μπορώ να δανειστώ ένα βιβλίο από τη _____

f. Χτες βράδυ είδαμε μια θεατρική παράσταση στο _____

g. Αγοράσαμε μερικά γραμματόσημα από το _____

h. Στην _____ άλλαξα μερικά δολάρια και πήρα ευρώ.

i. Πού μπορώ να αγοράσω ασπιρίνες; Στο _____

j. Ένα σπίτι πήρε φωτιά. Έτρεξε να τη σβήσει η _____

k. Οι Ολυμπιακοί αγώνες έγιναν στο Ολυμπιακό_____

## Μάθημα 23 - Δυο φίλοι συζητούν «αν ...»

### 23.1 Answer the questions.

a. Ποιοι είναι οι δυο φίλοι που συζητούν; _____

_____

b. Πού είναι όταν συζητούν οι δυο φίλοι; _____

c. Τι είπε ο πατέρας στον Παύλο; _____

_____

d. Αν δεν έπαιρνε καλούς βαθμούς ο Πάυλος τι έπρεπε να κάνει; _____

_____

e. Πώς τα πάει ο Ιάσονας με το κορίτσι του; Γιατί δεν τα πάει καλά; _____

_____

f. Τι έπαθε ο Γιάννης; _____

_____

g. Γιατί έχασε τη δουλειά του ο Γιάννης; _____

_____

h. Πώς ήταν τα νέα που συζητούν οι δυο φίλοι; _____

_____

### 23.2 Translate.

a. good news _____

b. bad news _____

c. interesting news _____

d. important news _____

e. small news _____

f. great news _____

## 23.3 Use the Group 2 verb "συζητώ" (I discuss) to translate these questions.

P. συζητώ        P. S. συζήτησα        F. S. θα συζητήσω

a. We discuss the news. _____

b. We discussed the news. _____

c. They will discuss the news. _____

d. We have discussed the news. _____

e. They had not discussed the news. _____

## 23.4 Translate these sentences.

a. If you come, I will see you. _____

b. If it is not raining, we will go for a picnic. _____

_____

c. If I had money, I would have bought a bigger car. _____

_____

d. If he passes the examinations, he will go to the university. _____

_____

e. If I find it, I will give it to you. _____

f. If you have studied more, you could be a better student. _____

_____

g. If it snows, the schools will be closed. _____

_____

h. If he was driving more carefully, he would not have had the accident (δυστύχημα).

_____

## 23.5 Translate orally.

a. I would like to have a Greek newspaper.

b. Do you have periodicals?

c. Do you have foreign newspapers?

d. I need an athletic magazine.

e. Do you have dictionaries?

f. I need an English-Greek and Greek-English dictionary.

## 23.6 Identify the things you can buy in a kiosk.

## 23.7 Cover the Greek text on the left column with a piece of paper so you cannot see it. Read the English and translate it. Then look at the Greek to check your answers. Use the word "συχνά" for often and "μυαλό" or "νους" for mind.

a. Πηγαίνω συχνά σε ταξίδια.  I often go on trips.

b. Ο φίλος μου μας επισκέπτεται συχνά.  My friend visits us often.

c. Έρχεται συχνά.  He (she) comes often.

d. Μας γράφει συχνά.  He (she) writes to us often.

e. Έχει γερό μυαλό (νου).  He (she) has a strong mind.

f. Το μυαλό του δουλεύει γρήγορα.  His mind works fast.

g. «Νους υγιής εν σώματι υγιεί»  "Healthy mind in a healthy body" (Ancient Greek motto)

## 23.8 The following verbs are in different tenses. Write the first person, present tense in the first space and then translate to English in the second.

a. έχετε _____  _____

b. τελειώνετε _____  _____

c. άργησα _____  _____

d. άφησα _____  _____

e. διορθώσουν _____  _____

f. πείτε _____  _____

g. νομίζω _____  _____

h. να μάθω _____  _____

## Μάθημα 24 - Ο κύριος Σμιθ μαθαίνει ελληνικά

**24.1 Write or say the answers to these questions.**

a. Τι δουλειά κάνει (ποιο είναι το επάγγελμα) του κυρίου Σμιθ;

b. Γιατί ο κύριος Σμιθ πηγαίνει στις νυχτερινές τάξεις;

c. Τι ώρα τελειώνει τη δουλειά του;

d. Πού τρώει βραδινό;

e. Γιατί άφησε το αυτοκίνητό του;

f. Με ποια είναι παντρεμένος ο κύριος Σμιθ;

g. Πού γεννήθηκε η γυναίκα του;

h. Τι άλλα ελληνικά πράγματα του αρέσουν;

**24.2 Translate.**

a. dinner _____    breakfast _____

b. lunch _____    afternoon tea _____

c. the morning coffee _____

d. evening dinner _____

**24.3 Write the present and past tense imperative. The present tense shows continuous action, the past tense temporary.**

a. τρώω _____    _____

b. πίνω _____    _____

c. γράφω _____    _____

d. περπατώ _____    _____

e. έρχομαι _____    _____

f. πηγαίνω _____    _____

g. ντύνω _____    _____

h. χτυπώ _____    _____

**24.4 Complete the sentences with a reasonable answer.**

a. Ο κύριος Σμιθ θέλει _____

b. Ο κύριος Σμιθ παρακολουθεί _____ στις

νυχτερινές τάξεις.

c. Ο κύριος Σμιθ μερικές φορές τρώει το βραδινό φαγητό του σε _____

d. Η γυναίκα του κυρίου Σμιθ γεννήθηκε _____

e. Η γυναίκα και τα παιδιά του κυρίου Σμιθ στο σπίτι μιλούν _____

f. Ο κύριος Σμιθ δεν καταλαβαίνει _____. Αυτό τον στενοχωρεί.

g. Ο κύριος Σμιθ πιστεύει ότι τα ελληνικά είναι πιο _____ από τα αγγλικά.

h. Ο κύριος Σμιθ λέει: «Μ' αρέσει πολύ η ελληνική _____,

και ο ελληνικός _____».

**24.5 Greek dishes "ελληνικά φαγητά". Match the columns.**

a. αρνί                                        potato salad
b. μοσχάρι                                     lamb
c. μουσακάς                                    stuffed grape leaves with rice
d. σούπα αβγολέμονο                            pork chops
e. ντολμάδες                                   a dish with eggplant, ground meat and cream
f. ταραμοσαλάτα                                veal
g. πατατοσαλάτα                                peasant (village) salad
h. χωριάτικη σαλάτα                            salad with fish roe
i. μπριζόλες                                   lamb on the skewer
j. αρνάκι στη σούβλα                           chicken soup with beaten eggs and rice

**24.6 Use forms of the adjectives "μερικός" and "λίγος" in translating the words in parenthesis.**

a. Έχω (some) _____ χρήματα.

b. (Sometimes) _____ πηγαίνουμε στο θέατρο.

c. (Some) _____ γονείς είναι αυστηροί με τα παιδιά τους.

d. (Some) _____ μαγαζιά μένουν ανοιχτά μέχρι αργά το βράδυ.

e. (Few) _____ μαγαζιά μένουν ανοιχτά.

f.  Έβρεξε (a little) _____

g.  (Some) _____ σταγόνες βροχής έπεσαν στο έδαφος.

h.  (Some) _____ φοιτητές έρχονται στο μάθημα απροετοίμαστοι.

## 24.7 Translate to Greek.

a. He attends night classes. _____

b. We study Greek. _____

c. I was late for my lesson. _____

d. We came straight from work. _____

e. The lesson is not easy. It is difficult. _____

_____

f. He is married to a Greek girl. _____

_____

g. The girl was born in Greece. _____

h. She is a wonderful cook. _____

i. The children speak Greek. _____

j. I cannot understand Greek. _____

k. I usually eat dinner with my family. _____

_____

l. I have many questions. _____

m. I do not have time to eat. _____

n. I am an American. She is an American. _____

_____

o. I like Greek music. _____

p. We like Greek food and wine. _____

## 24.8 Identify the dish.

a. a macaroni dish with ground meat and cream on top _____

b. a spread made with fish roe _____

c. potatoes in the oven _____

d. a dish with eggplant, ground meat and cream on the top _____

e. roasted lamb _____

f. a chicken soup with beaten eggs, lemon and rice _____

g. we call it "peasant salad" _____

h. layers of fillo dough, nuts, and covered with syrup _____

i. cookie with powdered sugar _____

## *Μάθημα 25* - Ο κύριος Σμιθ μιλά για την Ελλάδα

### 25.1 Answer the questions orally.

a. Ποιος είναι ένας λόγος που κάνει τον κύριο Σμιθ να θέλει να μάθει ελληνικά;

b. Τι διδάχτηκε στα σχολεία που φοίτησε σχετικά με την Ελλάδα;

c. Ποιους τραγικούς ποιητές διάβασε ο κύριος Σμιθ; Ποιους φιλοσόφους;

d. Τι άλλο έκανε τον κύριο Σμιθ να αγαπήσει την Ελλάδα;

e. Πώς λένε τη γυναίκα του;

f. Τι δουλειά κάνει ο κύριος Σμιθ;

g. Πού είναι το γραφείο του;

h. Πόσα παιδιά έχει;

i. Πού είναι το σπίτι του;

### 25.2 Translate the imperatives.

a. Come. _____  Go. _____

b. Let him come._____  Let him go. _____

c. Eat. _____  Let them eat. _____

d. Do not drink. _____  Let them drink. _____

e. Run. _____  Do not run. _____

f. Let them run. _____  Let him run. _____

g. Say. _____  Let her say. _____

h. Let us say. _____  Do not say. _____

### 25.3 Check the correct answer.

a. Ο Αισχύλος ήταν:

φιλόσοφος _____    τραγικός ποιητής _____    στρατηγός _____

b. Ο Σοφοκλής ήταν:

ένας από τους στρατηγούς που πολέμησαν στον Μαραθώνα _____

ένας από τους φιλοσόφους της Αθήνας _____

ένας από τους τραγικούς ποιητές _____

c. Εκτός από τον Σοφοκλή, οι άλλοι δυο τραγικοί ποιητές ήταν:

ο Περικλής κι ο Ευριπίδης _____     ο Πλάτωνας κι ο Αριστοτέλης _____

ο Ευριπίδης κι ο Αισχύλος _____

d. Οι Έλληνες δεν έχτισαν:

μεγαλόπρεπους ναούς _____     υπέροχα αγάλματα _____     πυραμίδες _____

## 25.4 Complete the sentences by changing the word in parentheses.

a. Το όνομα (η γυναίκα) _____ (ο κύριος Σμιθ) _____

_____ είναι _____

b. Οι γονείς του κυρίου Σμιθ ήταν (Άγγλος) _____

c. Ο κύριος Σμιθ διάβασε (τραγικός ποιητής) _____

d. Διάβασε και τα έργα (ο φιλόσοφος Αριστοτέλης) _____

_____

e. Έμαθε για (Σωκράτης) _____

f. Δυο (λόγος) _____έκαναν τον κύριο Σμιθ να αγαπήσει (η Ελλάδα)

_____

## 25.5 Identify the three Greek orders. Point our the differences between them. Which famous temple has Doric columns?

a.                          b.                          c.

_____     _____     _____

## 25.6 Translate to Greek.

a. In school I read about the Greek civilization.

_____

b. I read about it in the elementary, high school, college and in university.

_____

_____

c. One of the famous tragic poets was Aeschylus.

_____

_____

d. Another was Sophocles.

_____

e. Greeks built magnificent temples.

_____

f. They sculpted (κατασκευάζω) wonderful statues.

_____

g. They had a love for beauty. _____

h. Democracy was a form of government (πολίτευμα) first used by the Greeks.

_____

_____

i. Plato, Aristotle, and Socrates were famous philosophers.

_____

_____

j. I continue learning about the Greek civilization.

_____

# *Μάθημα 26* - Η Ελλάδα

## 26.1 Answer the questions orally.

a. Σε ποια ήπειρο βρίσκεται η Ελλάδα; Σε ποιο μέρος της ηπείρου;

b. Ποια είναι η θάλασσα στο ανατολικό μέρος και ποια στο νότιο μέρος;

c. Ποιες χώρες συνορεύουν με την Ελλάδα στο βόρειο μέρος;

d. Ποια είναι η χώρα στα ανατολικά της Ελλάδας;

e. Τι υπάρχουν στις θάλασσες της Ελλάδας;

f. Ποιο είναι το μεγαλύτερο νησί της Ελλάδας;

g. Ποιο είναι το ψηλότερο βουνό;

h. Τι πίστευαν οι αρχαίοι Έλληνες για το βουνό αυτό;

i. Ποια είναι η πρωτεύουσα της Ελλάδας;

j. Ποιος είναι ο ξακουστός λόφος της Αθήνας; Τι χτίστηκε πάνω στον λόφο αυτόν;

## 26.2 Change the verbs in parenthesis to participles.

a. Το παιδί ξεδίψασε (quenched his thirst) (πίνω) _____πολύ νερό.

b. (περπατώ) _____ στο δάσος είδαμε ένα λιοντάρι.

c. Μαθαίνω τις λέξεις (γράφω) _____τες στο τετράδιό μου.

d. Μια παροιμία λέει: (τρώω) « _____έρχεται η όρεξη».

e. (πεινώ) _____ο φτωχός άνθρωπος έκλεψε ένα ψωμί.

f. Έδειξε τη φιλανθρωπία του (αγαπώ) _____ τους δυστυχισμένους.

g. Κουράστηκε πολύ (ντύνω) _____το μικρό παιδί.

h. Έφαγε το μήλο (πλένω) _____το στη βρύση.

i. Έδειξε πως είναι πλούσιος (αγοράζω) _____ ένα ακριβό αυτοκίνητο.

j. (χτυπώ) _____τα χέρια ζήτησε από τον κόσμο να κάνει ησυχία.

k. Έφυγε από τη συνεδρίαση (λέγω) _____ ότι δεν συμφωνεί.

## 26.3 Translate to Greek.

a. Greece is a country in Europe. _____

b. It is a peninsula. _____

c. The capital of Greece is Athens. _____

d. Athens is an old city. _____

e. It has a history of 2,000 years. _____

f. There are hundreds of beautiful islands in the Greek seas. _____

_____

g. Greece is the motherland of the Olympic games. _____

_____

h. Democracy was born in Greece. _____

i. There are no big rivers in Greece. _____

j. The highest mountain is Mt. Olympus. _____

k. According to Greek mythology the Greek Gods dwelled on this mountain. _____

_____

l. They had gleaming palaces. _____

## 26.4 Multiple choice.

a. Το Ιόνιο Πέλαγος είναι:

στα ανατολικά της Ελλάδας _____    στα δυτικά _____    στα νότια _____

b. Η Ελλάδα είναι:

στα βορειοδυτικά της Ευρώπης _____    στα δυτικά της Ευρώπης _____

στα νότια της Ευρώπης _____    στα νοτιοανατολικά της Ευρώπης _____

c. Η Ελλάδα είναι:

χερσόνησος _____    ένα νησί _____    μια Μεσογειακή (inland) χώρα _____

d. Ο πληθυσμός της Ελλάδας είναι:

περίπου δέκα εκατομμύρια _____    περίπου δώδεκα εκατομμύρια _____

περίπου δεκαπέντε εκατομμύρια _____

e. Το μεγαλύτερο νησί της Ελλάδας είναι:

η Ρόδος _____    η Μύκονος _____    η Κρήτη _____

### 26.5 Change the words in parenthesis to form a logical meaning.

a. Η Ελλάδα είναι μια χώρα (η Μεσόγειος Θάλασσα) _____

b. Στα δυτικά (το Ιόνιο Πέλαγος) _____βρίσκεται η Ιταλία.

c. Τα νησιά (η ελληνική θάλασσα) _____ είναι αναρίθμητα.

d. Η Αθήνα είναι μια από τις πιο όμορφες (πρωτεύουσα) _____

του κόσμου.

e. Μπορούμε να δούμε (η Ακρόπολη) _____ από οποιοδήποτε

σημείο (η Αθήνα) _____

f. Η Ελλάδα είναι η πατρίδα (οι Ολυμπιακοί αγώνες) _____

### 26.6 Use the preposition "στον, στη, στην, στο, στους, στις, στα" with the following.

a. _____ Ακρόπολη          _____ Παρθενώνα          _____ Κρήτη

b. _____ νησιά              _____ Ολυμπία            _____ αγώνες

c. _____ δάση               _____ παραλία            _____ παραλίες

d. _____ Όλυμπο             _____ Ολυμπιακό στάδιο

e. _____ Ιόνιο Πέλαγος      _____ κορυφές των βουνών

### 26.7 Translate the words to Greek and give the plural number also.

Ex.:  the sea          η θάλασσα          οι θάλασσες

a. the island _____

b. the people _____

c. the temple _____

d. the rock _____

e. the place _____

f. hundred _____

g. bigger _____

h. the mile _____

i. the palace _____

## 26.8 Fill in the blanks using conjunctions.

a. Δεν έχουμε (neither, nor) _____ ψωμί _____ νερό.

b. Θέλει να έρθει (but) _____ δεν έχει καιρό.

c. Δεν καταλαβαίνει (in other words) _____ κάνει τον βλάκα.

d. (Although) _____ δεν έχει λεφτά, όλο ξοδεύει.

e. Αυτό που σου λέω (in other words) _____ κάνε αυτό που σου λέω.

f. (Since) _____ το λένε, θα είναι σωστό.

g. Έφυγαν (before) _____ τους δούμε.

h. Κλείσε τα παράθυρα (in case) _____ βρέξει.


## 26.9 Look at the map and answer the questions on the following page.

a. Είναι η Θεσσαλονίκη βόρεια ή νότια της Αθήνας; _____

b. Είστε στην Αθήνα και θέλετε να πάτε στην Κρήτη, τι κατεύθυνση θα ακολουθήσετε;

_____

c. Ποια πόλη είναι κοντά στον Όλυμπο; _____

d. Ποια πόλη είναι κοντά στην Ολυμπία; _____

e. Είναι η Κνωσός νοτιο ανατολικά ή βορειο δυτικά του Ηρακλείου; _____

f. Σε ποιο διαμέρισμα της Ελλάδας είναι η Σπάρτη; _____

g. Είναι η Αθήνα στο ίδιο διαμέρισμα με τη Σπάρτη; _____

h. Σε ποιο διαμέρισμα είναι τα Μετέωρα; _____

i. Αν είμαστε στην Αθήνα και θέλουμε να πάμε στους Δελφούς, ποια κατεύθυνση θα

πάρουμε; _____

j. Μπορούμε να πάμε στους Δελφούς από την Αθήνα με πλοίο; _____

k. Ποιο είναι το πιο ανατολικό νησί; _____

l. Σε ποιο πέλαγος είναι πιο κοντά η Αθήνα, στο Ιόνιο ή στο Αιγαίο; _____

m. Σε ποιο διαμέρισμα είναι η Θεσσαλονίκη; _____

n. Ποια χώρα βρίσκεται στα βόρεια της Ελλάδας; _____

o. Για να πάτε από την Κρήτη στη Σαντορίνη ποια κατεύθυνση θα ακολουθήσετε;

_____

p. Σε ποιο μέρος της Ελλάδας είναι η Ρόδος; _____

## Μάθημα 27 - Τι λέει ένας Άγγλος περιηγητής για την αρχαία Ελλάδα

**27.1 Complete the sentences by translating the words in parenthesis.**

a. Αυτός ο Άγγλος λέει ότι (Europe's history) _____

αρχίζει από την Ελλάδα.

b. Οι κάτοικοι της Ελλάδας ήταν (the most wonderful people) _____

_____ που έζησαν ποτέ.

c. Οι Έλληνες αγαπούσαν (beauty) _____

d. Ο ήλιος λάμπει (more bright) _____

ο ουρανός είναι (more blue) _____

κι ο αέρας (more clear) _____

e. Οι Έλληνες βρήκαν (beauty in the hills, in the springs, in the blue sea).

_____

f. (They found beauty in the islands, in the sea and in the white wave).

_____

**27.2 Translate to Greek.**

a. the immense sea _____

b. the immeasurable islands _____

c. the bright horizon _____

d. the green hills _____

e. the precious stone _____

f. the beautiful building _____

g. the gentle race _____

h. the stony mountains _____

## 27.3 Translate to Greek.

a. Greeks loved beauty. _____

b. The people of Ancient Greece were wonderful people. _____

_____

c. The sun in Greece shines brightly. _____

d. The sky is blue and clear. _____

## 27.4 Give the passive voice and participle of these verbs.

| Verb | Passive | Participle |
|------|---------|------------|
| a. δένω | δένομαι | δεμένος |
| b. χτυπώ | _____ | _____ |
| c. αγαπώ | _____ | _____ |
| d. γράφω | _____ | _____ |
| e. πεινώ | _____ | _____ |
| f. διψώ | _____ | _____ |
| g. διαβάζω | _____ | _____ |
| h. αγοράζω | _____ | _____ |
| i. τρώω | _____ | _____ |

## 27.5 These verbs are in different tenses and persons. Find the first person of the present tense.

a. έγραψαν _____    χτίσαμε _____

b. είπαν _____    έχουν έρθει _____

c. περπατήσαμε _____    βρήκαν _____

d. έκαναν _____    ήταν _____

e. λέει _____    είπε _____

**27.6 Use the adjectives** "απέραντος, πολύτιμος, αναρίθμητος, θαυμάσιος" **in the proper form with these words.**

a. _____ θάλασσα    _____ ορίζοντας

b. _____ πουλιά    _____ αυτοκίνητα

c. _____ χρόνος    _____ πετράδια

d. _____ βιβλία    _____ πίνακες

e. _____ βιβλιοθήκες    _____ θέα

f. _____ άνθρωποι    _____ ιδέες

**27.7 Change the adjectives to comparative degree.**

a. πολύτιμο πετράδι _____ or _____

b. θαυμάσια θέα _____ or _____

c. μεγάλο ζώο _____ or _____

d. ευτυχισμένος άνθρωπος _____ or _____

e. λαμπρό αστέρι _____ or _____

**27.8 Say in Greek.**

a. beautiful life

b. wonderful view

c. high mountains

d. innumerable islands

e. valuable books

f. immense horizon

g. immense sea

h. green hills

i. blue sea

j. magnificent buildings

## 27.9 Decline the noun with the adjectives.

Singular number

| | | | |
|---|---|---|---|
| Nom. | ο γαλανός ουρανός | η μικρή χώρα | το ψηλό βουνό |

a. Poss. _____  _____  _____

b. Acc. _____  _____  _____

c. Nom. of Add. _____  _____  _____

Plural number

d. Nom. _____  _____  _____

e. Poss. _____  _____  _____

f. Acc. _____  _____  _____

g. Nom. of Add. _____  _____  _____

## 27.10 Conjugate the past simple tense and the present perfect tense of the verb "ζω".

Past simple tense                    Present perfect tense

a. _____              b. _____

   _____                 _____

   _____                 _____

   _____                 _____

   _____                 _____

   _____                 _____

## 27.11 Form a logical sentence out of these scrabbled words.

a. στον Λυκαβηττό εκκλησάκι ανεβήκαμε το παλαιό και είδαμε του Αγίου Γεωργίου

_____

_____

b. στο μουσείο τους Μεγάλου θησαυρούς στη Βιργίνα είδαμε του Αλεξάνδρου

_____

_____

## 27.12 Change the words in parenthesis so they can form a logical meaning.

a. Είδαμε (οι καταπράσινοι λόφοι)_____

b. Το νερό (η πηγή) _____ αναβλύζει από τον βράχο.

c. Τα κύματα (η θάλασσα) _____ σπάζουν στη στεριά.

d. Αναπνεύσαμε (ο καθαρός αέρας) _____ (το βουνό) _____

e. Θαυμάζουμε τα (ωραίο χτίσμα) _____

f. Βρισκόμαστε σε μια χώρα (η Ευρώπη) _____

g. Θαυμάζουμε τα έργα των (θαυμάσιος αυτός άνθρωπος) _____

_____

## 27.13 Separate the words into masculine, feminine and neuter. Provide the definite article of each word.

λόφος   πηγή   ορίζοντας   χώρα   στεριά   παραλία   νησί   νήσος   ποίημα   κόσμος
χτίσμα   άγαλμα   τραγούδι   πέλαγος   θάλασσα   βουνό   αέρας   μέρος   ιστορία

## 27.14 Give the plural number of the words in the above exercise.

## *Μάθημα 28* - Ο κύριος Αλέκος Φώτος μαθαίνει ελληνικά

### 28.1 Answer the questions.

a. Τι έχει σπουδάσει ο κύριος Φώτος; _____

b. Πού δουλεύει; _____

c. Τι δουλειά κάνει; _____

d. Τι θέλει να μάθει; _____

e. Γιατί πηγαίνει στις νυχτερινές τάξεις; _____

_____

f. Τι σκοπεύει να κάνει, όταν έχει διακοπές; _____

_____

g. Γιατί θέλει να κάνει ένα ταξίδι στην Ελλάδα; _____

_____

h. Που θα βρει έναν τουριστικό οδηγό; _____

i. Ποια είναι η καλύτερη εποχή για να επισκεφθεί κάποιος την Ελλάδα; _____

_____

j. Γιατί αυτή η εποχή είναι η καλύτερη; _____

_____

_____

### 28.2 Give orally or write these words in Greek (use an article with each word).

a. tourist _____    inhabitant _____

b. sun _____    country _____

c. beauty _____    coast _____

d. spring _____    earth _____

e. land _____    statue _____

f. years _____    island _____

**28.3 Construct written or oral sentences with the words from the previous exercise.**

a. _____

_____

b. _____

_____

c. _____

_____

d. _____

_____

e. _____

_____

f. _____

_____

**28.4 Use the correct gender, case and number of these adjectives:** λαμπερός, καταπράσινος, καθαρός, γαλάζιος, απέραντος, ψηλός, αναρίθμητος.

a. Κάτι πολύ πράσινο το λέμε _____

b. Όταν ο ουρανός δεν έχει σύννεφα λέμε ότι είναι _____

c. Όταν ο ήλιος λάμπει λέμε ότι είναι _____

d. Ο ωκεανός που είναι πολύ μεγάλος λέμε ότι είναι _____

e. Τα περισσότερα βουνά είναι _____

f. Η θάλασσα είναι _____ γιατί παίρνει το χρώμα της

από τον _____ ουρανό.

g. _____ πουλιά, που δεν μπορούν να μετρηθούν,

πετούν στον αέρα.

**28.5 Conjugate the verb "φοβούμαι" in the present, past continuous and past simple tenses.**

a. φοβούμαι                b. φοβόμουν                c. φοβήθηκα

_____     _____     _____

_____     _____     _____

_____     _____     _____

_____     _____     _____

_____     _____     _____

**28.6 Give the future perfect tenses of these verbs and then translate to English.**

a. πηγαίνω _____

b. μαθαίνω _____

c. απαντώ _____

d. μένω _____

e. βοηθώ _____

f. μπορώ _____

**28.7 Cover the Greek text on the left column with a piece of paper so you cannot see it. Read the English and translate it. Then look at the Greek to check your answers. Use the verbs "σκέφτομαι" or "σκέπτομαι" (I think, I contemplate) and "νομίζω" (I think, I believe) and their different tenses:**

| | | | |
|---|---|---|---|
| σκέφτομαι | P. S. σκέφτηκα | Pr. P. έχω σκεφτεί | P. P. είχα σκεφτεί |
| νομίζω | P. S. νόμισα | Pr. P έχω νομίσει | P. P. είχα νομίσει |

a. Τι σκέφτεσαι;        What do you have in mind (what are contemplating)?

b. Τι σκέφτηκες;        What did you have in mind?

c. Τι νομίζεις;        What do you think (what is your opinion)?

d. Τι νόμισες;        What did you think (what did you think it was)?

e. Τι νομίζετε;        What do you think (what is your opinion)?

f. Τι σκεφτήκατε;        What did you come up with?

## 28.8 Translate to Greek orally.

a. What do you think?

b. What were you contemplating?

c. What did he think?

d. I thought it was a mistake.

e. Have you thought what you can do?

f. We are thinking of going away for a few days.

g. Do you think it is a good idea?

h. We think that we have to go.

## 28.9 Translate to Greek orally.

a. I studied economics.

b. I attended the local university.

c. I was in college for four years.

d. I work at a company.

e. It is a company with many shops.

f. I can speak Greek fluently.

g. My teacher helps me learn Greek.

h. I bought a tourist guide.

i. I bought it at the local bookstore.

j. I think I will go on a long trip.

k. I have been thinking of it for a long time.

## 28.10 Change the words to plural.

a. το βιβλιοπωλείο _____ η ιδέα _____

b. ο οδηγός _____ το κατάστημα _____

c. το ταξίδι _____ η κουβέντα _____

d. η θέση _____ το καλοκαίρι _____

## 28.11 Translate these sentences using verb "θυμάμαι".

a. I remembered what you told me.

b. Do you remember me?

c. Remember what I am saying.

d. I will always remember you.

e. They have remembered their old friends.

## 28.12 Translate using the verb "κοιμάμαι" and the opposite of "κοιμάμαι" which is "ξυπνώ (2)".

ξυπνώ – ξυπνάς – ξυπνάς                ξυπνούμε – ξυπνάτε – ξυπνούν

P. S. ξύπνησα

F. S. θα ξυπνήσω

Pr. P. έχω ξυπνήσει

P. P. είχα ξυπνήσει

a. Did you sleep well?

b. What time did you wake up?

c. What time do you go to bed and what time do you wake up?

d. I slept for two hours.

## Μάθημα 29 - Προετοιμασίες για το ταξίδι

### 29.1 Write or say the answers.

a. Γιατί ο Αλέκος πηγαίνει στο βιβλιοπωλείο; Τι θέλει να αγοράσει;

b. Πόσα βιβλία του δίνει ο υπάλληλος;

c. Πόσα βιβλία διαλέγει;

d. Πού πληρώνει το βιβλίο;

e. Πόσες αεροπορικές εταιρείες πετούν προς την Ελλάδα;

f. Με ποια εταιρεία αποφασίζει να πάει;

g. Από πού πετάει αυτή η εταιρεία;

h. Πόσες ώρες διαρκεί η πτήση από τη Νέα Υόρκη στην Αθήνα;

i. Ποια ώρα φεύγει το αεροπλάνο;

j. Ποια ώρα φτάνει;

k. Τι εισιτήριο αγοράζει ο Αλέκος;

l. Πόσο κάνει το εισιτήριο;

m. Τι άλλες πληροφορίες ζητά η υπάλληλος;

### 29.2 Translate to Greek.

a. the airline _____

b. a ticket _____ the flight _____

c. May I have some information, please? _____

_____

d. my address is _____

e. my telephone number is _____

f. there is a daily flight _____

g. The flight is from New York to Athens. _____

_____

h. The cost of the ticket is twelve hundred dollars. _____

_____

i. You can pay by credit card. _____

_____

## 29.3 Write the tenses of these verbs:

| | a. πηγαίνω (1) | b. έρχομαι (4) |
|---|---|---|
| P. | | |
| P. C. | _____ | _____ |
| P. S. | _____ | _____ |
| F. C. | _____ | _____ |
| F. S. | _____ | _____ |
| Pr. P. | _____ | _____ |
| P. P. | _____ | _____ |
| F. P. | _____ | _____ |

## 29.4 Translate to Greek.

a. (opposite - αντίκρυ) My house is opposite to yours. _____

_____

b. (east - ανατολικά) Greece is to the east of Italy. _____

_____

c. (between - μεταξύ) The Aegean Sea is between Greece and Turkey. _____

_____

d. (everywhere - παντού) Poverty is everywhere. _____

_____

e. (nowhere - πουθενά) He is nowhere. _____

_____

f. (close by - κοντά) The post office is close by. _____

_____

g. (far away - μακριά) The hospital is far away. _____

_____

h. (northwest - βορειοδυτικά) England is northwest of Italy. _____

_____

**29.5 You are contemplating on going on a trip. Write what you will do, what things you will take with you, how long you plan to stay, what places you like to see, etc. Start like this:**

Θα πάω ένα ταξίδι.

Θα φύγω στις _____

Θα πάω με _____

Θα πάρω μαζί μου_____

Θα πάω (μόνος μου, με την οικογένειά μου) _____

_____

_____

_____

_____

_____

**29.6 Identify the objects in this chart.**

a. _____

b. _____

c. _____

d. _____

e. _____

f. _____

g. _____

h. _____

i. _____

j. _____

k. _____

## 29.7 Complete the sentences by translating the words in parenthesis.

a. Ο κύριος Φώτος θα ταξιδέψει με (airplane)_____

b. Παίρνει πληροφορίες από (airlines) _____

c. Αγοράζει ένα (ticket) _____

d. Πληρώνει με (credit card) _____

e. Η πτήση διαρκεί (ten hours) _____

f. Αγοράζει ένα εισιτήριο (round trip) _____

g. Πληρώνει δέκα μέρες πριν από την (departure) _____

h. (His address) _____ είναι αυτή.

i. (my telephone number is) _____

j. (my address is) _____

## 29.8 These words are in the plural number. Write the nominative case, singular number.

a. τα λεπτά _____ οι υπάλληλοι _____

b. οι αεροπορικές εταιρίες _____

c. τα ταμεία _____ οι πτήσεις _____

d. τα εισιτήρια _____ τα καθημερινά _____

e. οι διευθύνσεις _____ οι μέρες _____

f. οι αναχωρήσεις _____ οι αφίξεις _____

## 29.9 Use forms of the verbs "επισκέπτομαι" and "μένω" in the blanks.

a. Our friends visited us. _____

b. We will visit them next year. _____

c. They stay in Patra. _____

d. Last year they were staying in Athens. _____

e. We visited them often. _____

f. One friend of mine has not visited me for a long time. _____

g. When will you visit us? _____

h. Are you staying here for a long time? _____

## 29.10 Use prepositions or adverbs to complete the sentences in a logical way.

a. Ανεβαίνω _____ βουνό.

b. Κατεβαίνω _____ το δέντρο.

c. Κοιτάζω τα άστρα _____ ουρανό.

d. Κάθομαι (near) _____ στον φίλο μου.

e. Κοιμούμαι _____ τις δέκα το βράδυ _____ τις οχτώ το πρωί.

f. Πληρώνω τον λογαριασμό _____ χρηματική επιταγή.

g. Στρίβω _____ ή _____ για να βλέπω πιο καλά.

h. Μην κοιτάζεις (down)_____. Κοίταζε πάντα (up)_____

i. Το σπίτι μου είναι _____ από το σχολείο.

## 29.11 Complete using participles of the verbs: πεινώ, διψώ, δένω, κουράζομαι, λυπούμαι, ψήνω.

a. Τα παιδιά δεν έχουν φάει. Είναι _____

b. Τα ζώα δεν έχουν νερό. Είναι _____

c. Ο σκύλος δεν τρέχει στην αυλή, γιατί είναι _____

d. Οι αθλητές έτρεξαν πολύ και είναι _____

e. Η ομάδα μας έχασε το παιχνίδι. Είμαστε όλοι _____

f. Το φαγητό ψηνόταν δυο ώρες. Τώρα είναι _____

## *Μάθημα 30* - Περιοδεία στην Αθήνα

### 30.1 Answer the questions orally.

a. Ποια μέρα φεύγει ο Αλέκος για το ταξίδι του;

b. Πόσες βαλίτσες έχει;

c. Με ποιο αεροπλάνο ταξιδεύει;

d. Πόσες ώρες διαρκεί η πτήση;

e. Σε ποιο αεροδρόμιο φτάνει το αεροπλάνο;

f. Πριν βγει από το αεροδρόμιο ο Αλέκος από πού περνά;

g. Πώς πηγαίνει από το αεροδρόμιο στο ξενοδοχείο;

h. Πώς λέγεται το ξενοδοχείο που θα μείνει;

i. Ποιος ή ποια τον υποδέχεται (welcomes) στη ρεσεψιόν;

j. Τι δωμάτιο παίρνει ο Αλέκος;

k. Τι θέα έχει το δωμάτιο;

### 30.2 Translate.

a. Every morning he drinks a glass of fruit juice. _____

_____

b. He eats a light breakfast of toast with butter and marmalade. _____

_____

c. He drinks a cup of black coffee. _____

d. He also eats a fruit. _____

e. When the weather is fine, he takes a walk in the garden. _____

_____

f. The garden is big and long. It has many flowers and many big trees. _____

_____

g. He likes to walk in the streets and avenues of Athens. _____

_____

h. He visits the museums and the archeological sites. _____

_____

i. He enjoys the meals in the Greek tavernas and restaurants. _____

_____

j. He drinks a little wine with his food. He likes Greek wine. _____

_____

## 30.3 You are looking for different places and asking for directions. Translate these questions orally.

a. Where is the post office?          Where is a bank?

b. Where is a pharmacy?           Where is the bus station?

c. Where do they sell newspapers?     Where do they sell magazines?

d. Where can I find a doctor?         Is the subway near here?

e. Where can I rent a car?          How far is the beach from here?

## 30.4 Correct the wrong sentences.

a. Βγαίνει στον δρόμο και τελειώνει το πρόγευμα.

_____

b. Παίρνει ένα ταξί για την Αθήνα και περνά από τον έλεγχο διαβατηρίων.

_____

c. Θα φάει αβγά χτες. _____

d. Η βασίλισσα Αμαλία θα δημιουργήσει τον Εθνικό Κήπο της Αθήνας.

_____

e. Πηγαίνει στον Λυκαβηττό γιατί θέλει να δει τον Παρθενώνα.

_____

## 30.5 Translate to Greek.

a. (last year - πέρισυ) I saw him last year.

_____

b. (this year - φέτος) We will come this year.

_____

c. (often - συχνά) They come often.

_____

d. (sometimes - κάποτε) Sometimes we go to the movies.

_____

e. (never - ποτέ) We never go on a trip.

_____

f. (at once - αμέσως) We answered at once.

_____

## 30.6 Translate the words in parenthesis.

a. Η μέρα (of the departure) _____

b. Η πρώτη (of September) _____

c. Ο έλεγχος (of the passports) _____

d. Ο χυμός (of fruit) _____

e. Το Μνημείο (of the unknown Soldier) _____

f. Τα λουλούδια (of the National Garden) _____

g. Η ποικιλία (of the plants) _____

## 30.7 Change the sentences to past simple tense.

a. Φεύγει την πρώτη Σεπτεμβρίου. _____

b. Φτάνει την άλλη μέρα. _____

c. Τον καλωσορίζει. _____

d. Ξυπνά πρωί. _____

e. Τελειώνει το πρόγευμα. _____

f. Ανεβαίνει με τα πόδια. _____

g. Περπατά στις αλέες. _____

h. Σκοτεινιάζει. _____

**30.8 Cover the English text on the left column with a piece of paper so you cannot see it. Read the Greek and translate it. Then look at the English to check your answers.**

a. Do you have a passport?              Έχετε διαβατήριο;

b. Where is your passport?              Πού είναι το διαβατήριό σας;

c. Is it a Greek passport?              Είναι ελληνικό διαβατήριο;

d. Is it an American passport?          Είναι αμερικανικό διαβατήριο;

e. When was it issued?                  Πότε εκδόθηκε;

f. What month?                          Ποιο μήνα;

g. What year?                           Ποιο χρόνο;

h. When did you arrive?                 Πότε ήρθατε;

i. How long will you stay?              Πόσο καιρό θα μείνετε;

j. Where will you stay?                 Πού θα μείνετε;

k. You have relatives here?             Έχετε συγγενείς εδώ;

l. Do you travel alone?                 Ταξιδεύετε μόνος (μόνη);

**30.9 Answer the above questions either orally or by writing your answers.**

**30.10 Circle the word that does not belong with the other and justify your answer.**

a.   βαλίτσα          χειραποσκευή          εισιτήριο          ξενοδοχείο

b.   Πλατεία Συντάγματος        Μνημείο Αγνώστου Στρατιώτη        ρεσεψιόν          Βουλή

c.   Εθνικός Κήπος        Βασίλισσα Αμαλία        μονοπάτι        πνεύμονας της Αθήνας

d.   ζωή      κίνηση      ησυχία      θέαμα

e.   αρνάκι στον φούρνο        κρασί      επιδόρπιο        σαλάτα

**30.11 Circle the masculine nouns.**

αναχώρηση   αεροδρόμιο   πρόγευμα      δρόμος   Σύνταγμα   Βουλή   κλιματισμός

βούτυρο   Αλέκος   κήπος   πνεύμονας   λόφος   Λυκαβηττός   θέαμα   επιδόρπιο

**30.12 Conjugate the future simple tense of I pay and the past simple tense of I choose.**

a. πληρώνω

b. διαλέγω

_____          _____

_____          _____

_____          _____

_____          _____

_____          _____

_____          _____

**30.13 Conjugate the present perfect tense of I hold and the past continuous tense of I look.**

a. κρατώ

b. κοιτάζω

_____          _____

_____          _____

_____          _____

_____          _____

_____          _____

_____          _____

# Μάθημα 31- Στην Ακρόπολη

## 31.1 Fill in the blanks with information from your reading.

a. Ο Αλέκος ρώτησε να μάθει το όνομα _____

b. Το κορίτσι αυτό είχε γεννηθεί στην _____. Ήταν

_____

c. Ο Αλέκος διάβασε _____ για να δει που θα πάει.

_____ τον χάρτη για να επισκεφθεί διάφορα

μέρη της Αθήνας.

d. Η λεωφόρος Πανεπιστημίου αρχίζει από την _____

και τελειώνει  στην _____

e. Το «Ιλίου Μέλαθρον» ήταν το σπίτι του _____

αυτού που έκανε ανασκαφές στην _____ και τις _____

f. Μπαίνουμε στην Ακρόπολη από τα _____

g. Το πιο μεγάλο και πιο όμοφο οικοδόμημα της Ακρόπολης είναι _____

_____

h. Δυο άλλοι ναοί είναι το _____ και ο Ναός _____

_____

i. Η Ακρόπολη είναι ένας _____

## 31.2 Change the words in parenthesis to possessive case.

a. οι ναοί (η Ακρόπολη) _____

b. τα αγάλματα (το μουσείο) _____

c. τα κτίρια (η Λεωφόρος) _____

d. τα σπίτια (η οδός) _____

e. οι στήλες (Ολύμπιος Ζευς) _____

f. η είσοδος (τα Προπύλαια) _____

g. οι πρόποδες (τα βουνά) _____

h. το μεγαλείο (το νεοκλασσικό οικοδόμημα) _____

i. οι αίθουσες (τα εκθέματα) _____

## 31.3 Change to plural number.

a. το κτίριο της βιβλιοθήκης _____

b. η βιτρίνα του καταστήματος _____

c. ο φοιτητής του πανεπιστημίου _____

d. η υπηρεσία του ξενοδοχείου _____

e. η ανασκαφή του αρχαιολογικού τόπου _____

_____

## 31.4 Use forms from the verb "περιποιούμαι" (to serve, to take care of) to complete the sentences.

a. Ο σερβιτόρος (served us) _____ καλά.

b. Η νοσοκόμα (takes care) _____ τον γέρο άνθρωπο.

c. Όταν έρθετε στην Ελλάδα (we will take care) _____

d. Όταν ήμουν στο νοσοκομείο (were taken care of me) _____

δυο νοσοκόμες.

e. Ποιος (is taking care of you)? _____

f. Κανένας. Εγώ (I am taking care of) _____ τον εαυτό μου.

## 31.5 Translate using adverbs of manner.

a. How are you? _____

b. I am today as I was yesterday. _____

c. Anyway, we are going. _____

d. Can you do differently? _____

e. The wind started to blow suddenly. _____

f. Everything is fine. _____

g. In vain we were telling him not to go. _____

_____

h. It is exactly three o' clock. _____

i. The plane has just arrived. _____

j. We traveled separately. _____

k. Fortunately nobody was in the house at the time of the fire. _____

_____

l. Unfortunately we lost the game. _____

## 31.6 Use multiplicative and proportional numerals to translate these sentences.

a. I receive a double salary. _____

b. The amount is three times bigger. _____

c. He won a triple victory. _____

d. The number one hundred is ten times bigger than the number ten. _____

_____

## 31.7 Identify the objects in this chart.

a. _____    d. _____    g. _____

b. _____    e. _____    h. _____

c. _____    f. _____    i. _____

**31.8 The verb** "ξεχνώ (2)" (I forget) in the active voice and "ξεχνιέμαι" (I am forgotten) in the passive voice. **Conjugate the present tense and past simple tense of each item.**

| | |
|---|---|
| ξεχνώ  I forget | ξεχνιέμαι  I am forgotten |
| ξέχασα I forgot | ξεχάστηκα  I was forgotten |

present tense                          past simple tense

a. ξεχνώ                                ξέχασα

_____        _____

_____        _____

_____        _____

_____        _____

_____        _____

_____        _____

b. ξεχνιέμαι                            ξεχάστηκα

_____        _____

_____        _____

_____        _____

_____        _____

_____        _____

_____        _____

**31.9 Translate orally.**

a. I was forgotten.

b. Do no forget me.

c. They forgot us.

d. We were forgotten.

## *Μάθημα 32* - Περιοδεία στα νησιά

### 32.1 Answer the questions.

a. Ποια νησιά αποφάσισε να επισκεφθεί ο Αλέκος;

_____

b. Σε ποια θάλασσα βρίσκονται αυτά τα τρία νησιά;

_____

c. Πώς ταξίδεψε από τον Πειραιά στο πρώτο νησί; _____

_____

d. Σε ποιο νησί έφτασε πρώτα; _____

e. Στο ταξίδι, που καθόταν ο Αλέκος; _____

f. Τι τον αποκοίμισε; _____

g. Πώς ανέβηκε από την παραλία στη πόλη όταν έφτασε στη Σαντορίνη;

_____

h. Πώς αλλιώς μπορούσε να ανέβει; _____

i. Πώς καταστράφηκε η Σαντορίνη; _____

_____

### 32.2 Translate using the verb "πληροφορούμαι":

| | | | |
|---|---|---|---|
| Ενεστώτας | Present | πληροφορούμαι | I am informed |
| Παρατατικός | Past Continuous | πληροφορούμην | I was being informed |
| Αόριστος | Past Simple | πληροφορήθηκα | I was informed |
| Μέλλοντας Διαρκής | Future Continuous | θα πληροφορούμαι | I will be being informed |
| Μέλλοντας Στιγμιαίος | Future Simple | θα πληροφορηθώ | I will be informed |
| Παρακείμενος | Present Perfect | έχω πληροφορηθεί | I have been informed |
| Υπερσυντέλικος | Past Perfect | είχα πληροφορηθεί | I had been informed |

a. He informed me. _____

b. I was being informed. _____

c. They have informed us. _____

d. Who informed you? _____

e. They had been informed. _____

f. Inform us about the details. _____

g. We were informed about the bad weather. _____

_____

## 32.3 Translate orally using adverbs of quantity.

a. How much is this?

b. Stay as long as you want.

c. We had more rain today than we had yesterday.

d. We have enough money for our trip.

e. He calls me at least twice a week.

f. There were about ten people there.

g. There is no water at all.

h. The child wants some cheese.

i. You have less money now.

j. I want only some milk.

## 32.4 Identify the means of transportation.

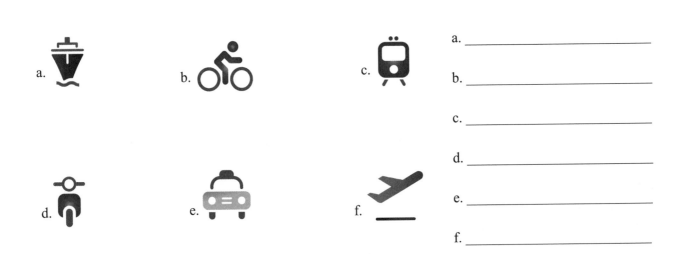

a. _____

b. _____

c. _____

d. _____

e. _____

f. _____

## 32.5 Answer the questions orally.

a. Τι έχει ο Γιάννης;

b. Πού πηγαίνει με το ποδήλατό του;

c. Γιατί του αρέσει το ποδήλατο;

d. Ο πατέρας, πώς πηγαίνει στη δουλειά του;

e. Πηγαίνει πάντοτε με το αυτοκίνητο;

f. Πώς αλλιώς πηγαίνει;

g. Η μητέρα, πώς πηγαίνει στην πόλη για ψώνια;

h. Γιατί δεν πηγαίνει με το αυτοκίνητό της;

i. Γιατί προτιμά το λεωφορείο;

j. Πώς γυρίζει σπίτι;

k. Είναι το λεωφορείο πιο φτηνό; Από τι άλλο είναι πιο φτηνό το λεωφορείο;

l. Ο πατέρας πηγαίνει στη Γαλλία. Πώς πηγαίνει; Με το αυτοκίνητό του;

m. Πώς πηγαίνει από το αεροδρόμιο στην πόλη;

n. Πού θέλει να ταξιδέψει ο παππούς;

o. Γιατί δεν ταξιδεύει με το αεροπλάνο; Πώς ταξιδεύει;

p. Και η γιαγιά, πώς πηγαίνει στη Θεσσαλονίκη;

q. Γιατί η γιαγιά προτιμά το τρένο;

r. Τι θέλει να αγοράσει ο Νίκος; Γιατί οι γονείς του δεν του το επιτρέπουν;

s. Τι του λένε να αγοράσει;

t. Γιατί ο Νίκος δεν αγοράζει αυτοκίνητο;

## 32.6 Say or write the imperative of the verbs.

| | | | |
|---|---|---|---|
| a. λέω | πηγαίνω | γυμνάζω | περπατώ |
| b. βρίσκω | κάνω | βλέπω | αγοράζω |
| c. κοιμούμαι | ξυπνώ | μπαίνω | γυρίζω |

## 32.7 Put the words in parenthesis in the proper case.

a. Ταξιδεύω (by plane). _____

b. Αγοράσαμε (two bicycles). _____

c. Είδαμε (beautiful places). _____

d. Πήγαμε στο ψάρεμα με (two boats). _____

e. Είδαμε (many young men and women). _____

f. Απολαύσαμε (the air of the sea). _____

g. Το νησί βυθίστηκε (in the sea). _____

## 32.8 Give the present tense, first person of the verbs.

a. φεύγουν        κατέβηκε        ήταν        απολάμβανε

b. αποκοιμήθηκε        έφτασε        διάβασε        βυθίστηκε

c. περπάτησε        επισκέφτηκε        γύρισε        γνώρισε

## 32.9 Multiple choice. Check the correct answer.

a. Η Σαντορίνη καταστράφηκε στα αρχαία χρόνια:

από ένα τεράστιο κύμα _____     από πόλεμο _____     από σεισμό _____

b. Όταν λέμε κατάστρωμα εννοούμε:

το μπροστινό μέρος του πλοίου _____     το πάνω μέρος του πλοίου _____

το κάτω μέρος του πλοίου _____

c. Πανσέληνος είναι:

όταν το φεγγάρι δε φαίνεται _____     όταν το φεγγάρι είναι γεμάτο _____

όταν το φεγγάρι είναι μισό _____

d. Ξημερώματα είναι: όταν βγαίνει το φεγγάρι _____     όταν δύει ο ήλιος _____     όταν ανατέλλει ο ήλιος _____

e. Το αντίθετο του «περισσότερο» είναι: πιο πολύ _____     πιο λίγο _____     πολύ _____

f. Πληροφορήθηκε means: he (she) informed _____     he (she) had been informed _____     he (she) was informed_____

## 32.10 Translate.

a. I am sleepy.

b. I enjoyed the trip.

c. It is dawning.

d. I walked from one end of the city to the other.

e. I stayed there three days.

f. I will go back.

g. I feel asleep.

h. The view was spectacular.

i. The tourists were going up on foot.

j. Some tourists were on mules.

k. It was a nice experience (εμπειρία).

## Μάθημα 33 - Στο εστιατόριο

### 33.1 Give the names of the foods and dishes you see on this chart.

a. _____

b. _____

c. _____

d. _____

e. _____

f. _____

g. _____

### 33.2 Answer the questions orally.

a. Σε ποιο εστιατόριο πηγαίνουν ο Αλέκος και η Ειρήνη;

b. Τι φαγητό είχε κάποτε φάει ο Αλέκος σε ένα εστιατόριο στην Αμερική;

c. Πώς ήταν ο κατάλογος φαγητών του εστιατορίου;

d. Τι έφαγαν η Ειρήνη και ο Αλέκος;

e. Τι έκανε ο Αλέκος μετά το φαγητό;

### 33.3 Write the Greek word.

a. tablecloth _____     table _____

b. plate _____     dishes _____

c. glass _____     cup _____

d. salt _____     oil _____

e. spoon _____     fork _____

f. knife _____     napkin _____

g. paper napkin _____     vinegar _____

h. pepper _____     mustard _____

**33.4 Write or say the diminutives of these words.**

a. mother _____     sister _____

b. child _____     boy _____

c. voice _____     heart _____

d. potato _____     tomato _____

e. salad _____     rain _____

**33.5 Fill the blanks with the words showing senses.**

a. Ο Γιώργος δεν ακούει καλά. _____ δεν είναι καλή.

b. Ο αετός βλέπει πολύ καλά. Έχει δυνατή _____

c. Ο σκύλος μυρίζει το κόκαλο από μακριά. Έχει καλή _____

d. Ο ράφτης αγγίζει το ρούχο να δει πόσο μαλακό είναι. Χρησιμοποιεί την αίσθηση της

_____

e. Δοκιμάζει το κρασί να δει πόσο καλό είναι. Χρησιμοποιεί την αίσθηση της

_____

**33.6 Write the denominations of the Euro coins and bank notes.**

a. _____

_____

_____

_____

b. _____

_____

c. _____

_____

_____

_____

a.

b.

c.

## 33.7 Fill the blanks with the proper word.

a. Κόβουμε το ψωμί ή το κρέας με το _____

b. Τρώμε τη σούπα με το _____

c. Παίρνουμε το φαγητό από το πιάτο μας με _____

d. Πίνουμε νερό ή κάτι άλλο με το _____

e. Πίνουμε καφέ ή τσάι με το _____

f. Σφουγγίζουμε τα χέρια ή τα χείλη μας με τη _____

g. Στρώνουμε το τραπέζι με ένα _____

h. Για να κάνουμε το φαγητό μας πιο νόστιμο βάζουμε _____

i. Είναι καυτερό, καίει τη γλώσσα μας και είναι μαύρο ή κόκκινο. _____

j. Στη σαλάτα βάζουμε _____ και _____

## 33.8 Decline the nouns with the accompanying adjective.

ο ελληνικός καφές                              το κόκκινο κρασί

Ενικός αριθμός

a. Ονομ. _____    _____

b. Γεν. _____    _____

c. Αιτ. _____    _____

d. Κλητ. _____    _____

Πληθυντικός αριθμός

e. Ονομ. _____    _____

f. Γεν. _____    _____

g. Αιτ. _____    _____

h. Κλητ. _____    _____

**33.9 Write six sentences using cases of the words form the previous exercise.**

a. _____

b. _____

c. _____

d. _____

e. _____

f. _____

**33.10  Translate orally.**

a. What do you like to have?

b. We have nice meat and fresh fish today.

c. We will eat meat today.

d. We ate fish yesterday.

e. I would like to have chicken with rice.

f. And you?

g. Roasted lamb, please.

h. Do you have veal with potatoes?

i. Yes, we do.

j. She will have that.

k. I like a dish of moussaka.

l. Would you like some salad?

m. Yes, please. I like to have a salad.

n. Do you like to have some wine?

o. Yes, please.

p. Red or white?

q. Red, is it cold?

r. Yes, it is chilled.

# Μάθημα 34 - Το ταξίδι τελειώνει

## 34.1 Translate orally.

a. Σε ποια μέρη πηγαίνει ο Αλέκος στην τελευταία περιοδεία του;

b. Πού πηγαίνει για να ψωνίσει δώρα;

c. Για ποιους παίρνει δώρα;

d. Τι δώρα παίρνει;

e. Τι τσάντες αγοράζει;

f. Τι αγοράζει για να του θυμίζει το ταξίδι του στην Ελλάδα;

g. Τι κάνει πριν φύγει από την Ελλάδα;

h. Τι υπόσχεται στην Ειρήνη;

i. Τι λέει η Ειρήνη, όταν την αποχαιρετά ο Αλέκος;

## 34.2 Translate to Greek.

a. I want to buy some gifts. _____

b. I want some gifts for my friends. _____

c. How much are the worry beads? _____

d. Do you have any leather goods? _____

e. May I have one backgammon? _____

f. Do you have icons? _____

g. I want an icon of St. Nicholas. My father's name is Nicholas. _____

_____

h. I wish to give it as a gift to my father. _____

_____

## 34.3 Form the passive voice and the passive participle.

a. λούζω _____    _____

b. πνίγω _____    _____

c. πιάνω _____    _____

d. προτιμώ _____ _____

e. διαβάζω _____ _____

## 34.4 You are writing letters to these people. How do you address them?

a. a teacher _____

b. a priest _____

c. a friend _____

d. the archbishop _____

e. the president of a company _____

f. a woman whom you do not know very well _____

g. the president _____

h. a prince _____

i. the King _____

## 34.5 How do you close a letter?

a. to your parents _____

b. to your boss _____

c. to your teacher _____

d. to your priest _____

e. to a friend _____

f. to a lady _____

g. to the Archbishop _____

## 34.6 Change to plural.

a. μια εικόνα          πολλές _____

b. ένα άγαλμα          δυο _____

c. μια μαύρη τσάντα     πολλές _____

d. ένα πολύχρωμο κομπολόι            δυο _____

e. μια ελληνική σημαία               δυο _____

f. ένα μπρίκι για ελληνικό καφέ       δυο _____

g. ένα πίνακα του Παρθενώνα          δυο _____

h. ένα ζευγάρι παπούτσια             δυο _____

i. μια ζωγραφιά ελληνικών τοπίων      πολλές _____

## 34.7 Change the verbs to past simple tense.

a. Πηγαίνει σε μια άλλη περιοδεία.

_____

b. Επισκέπτεται διάφορους αρχαιολογικούς χώρους.

_____

c. Η περιοδεία διαρκεί τρεις μέρες.

_____

d. Εκεί υπάρχουν πολλά τουριστικά μαγαζιά.

_____

e. Αγοράζει πολλά αντικείμενα.

_____

f. Ένα από αυτά είναι δερμάτινες τσάντες.

_____

g. Τα δώρα του θυμίζουν το ταξίδι του στην Ελλάδα.

_____

h. Την άλλη μέρα αποχαιρετά την Ειρήνη.

_____

i. Την ευχαριστεί για τη βοήθειά της.

_____

## 34.8 Translate.

a. I went on another tour. _____

b. I bid you good-bye. _____

c. We will correspond. _____

d. I will be very glad to receive your letters. _____

_____

e. I bought many gifts. _____

f. I am leaving tomorrow. _____

g. I will come back next year. _____

h. I like your country very much. _____

i. I had a good time._____

j. I enjoyed everything, the food, the beauty of the country, the hospitality of the people. _____

_____

k. I am going back with the best of impressions. _____

_____

l. Now I say good-bye. _____

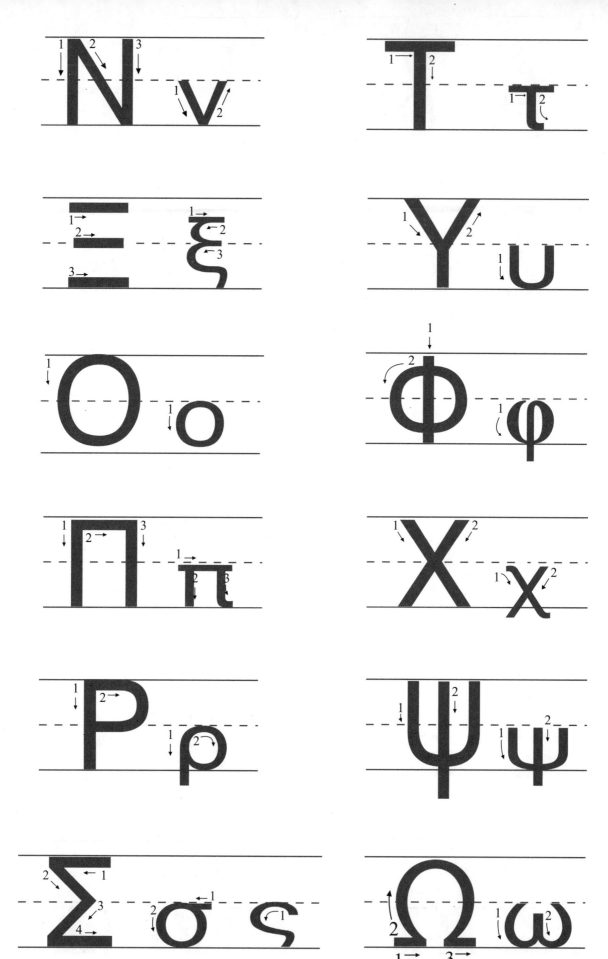